Otro fin del mundo es posible

Alejandro Gaviria

Otro fin del mundo es posible

(Cómo Aldous Huxley puede salvarnos)

Ariel

© Alejandro Gaviria, 2020

© Editorial Planeta Colombiana S. A., 2020
Calle 73 N.º 7-60, Bogotá

Departamento de diseño Grupo Planeta

Primera edición: septiembre de 2020
Segunda edición: octubre de 2020
Tercera edición: noviembre de 2020
Cuarta edición: diciembre de 2020

ISBN 13: 978-958-42-8990-2
ISBN 10: 958-42-8990-X

Impreso por: Editorial Nomos S.A.
Impreso en Colombia – *Printed in Colombia*

A la memoria de mi papá

Contenido

Aldous Huxley (1894-1963), en Siena, Italia, en 1952.

Introducción

Este es un libro de ideas, un libro sobre una forma de ver y entender el mundo. Quizás uno siempre escribe el mismo libro. O mejor, escribe versiones complementarias del mismo libro. Yo siempre he escrito sobre un asunto simple, sobre mis experiencias vistas o filtradas a través de mis lecturas, sobre la vida y los libros. Poco escribo sobre los sueños. Tampoco me gustan los ensimismamientos, las formas excesivamente subjetivas de aprehender el mundo. Me gustar escribir sobre ideas, sobre otros autores, sobre la gente que leo y admiro.

En estos tiempos difíciles, en medio de la incertidumbre y algunas amenazas existenciales para la humanidad, este libro reivindica una especie de optimismo axiomático, no basado en la evidencia ni en la observación meticulosa del mundo, sino en una convicción más íntima, casi vital; este optimismo plantea que las ideas importan en un doble sentido. El primero es individual, las ideas importan en nuestra búsqueda personal de sentido, las ideas nos ayudan a vivir mejor, más reflexivamente; el segundo es colectivo, las ideas importan en la vida en sociedad, en la llamada democracia deliberativa. En mi opinión, la ilusión liberal de un mercado de ideas en permanente confrontación sigue siendo, a pesar de las desilusiones y fracasos de muchas empresas humanas, una ilusión fundamental, casi irrenunciable.

Aldous Huxley fue un hombre de ideas. Sus novelas, como lo señalaron todos sus críticos, son ensayos novelados: los personajes meros títeres del autor para exponer sus diferentes visiones del mundo, a veces contradictorias ("uno puede ser agnóstico y místico al mismo tiempo", escribió alguna vez). El mismo Huxley lo reconoció varias veces, sabía perfectamente que sus obras de ficción tenían una debilidad: eran densas en exposición, pero diluidas en caracterización. Dedicó su vida a las ideas, a conectar las ciencias y las artes, a escudriñar las aventuras y desventuras de la especie humana, primero, con una suerte de cinismo intelectual, después, con una gratitud que podríamos llamar cósmica, con una espiritualidad sosegada y profunda. Fue sin duda uno de los autores más creativos y estimulantes del siglo XX.

Sus ideas, sin embargo, se han ido diluyendo en medio de la cacofonía y velocidad del mundo actual. Este libro intenta, con las armas modestas de un lector minucioso —no tengo otras—, rescatarlas y conectarlas con este momento del mundo y de la discusión global. El libro no presenta una exposición exhaustiva o académica de la obra de Aldous Huxley. Todo lo contrario. Es una conversación personal, una forma de mirar el mundo a través de las ideas de otro. Las ideas de Huxley son también un instrumento, una forma eficaz para presentar mis propias ideas. La lectura es un acto de creación. Este libro intenta eso, leer creativamente a un autor imprescindible.

En los diversos capítulos hago énfasis sobre todo en sus últimas obras, en su novela *La isla* y en sus ensayos sobre la ciencia, el progreso, la crisis ambiental y las sustancias psicoactivas. El libro está dividido en ocho capítulos. Los primeros seis tratan temas específicos discutidos por Aldous Huxley en sus novelas y ensayos: la vida, la medicina, las drogas, la crisis ambiental, la educación y el progreso. El séptimo revela una improbable conexión del autor con Colombia, y el último, incluye una experiencia más personal, una especie de ejercicio introspectivo o terapia inspirada en Huxley. En conjunto, los capítulos que conforman este libro son una reflexión sobre las sociedades modernas y sobre la experiencia humana con todo lo que tiene de maravilloso y absurdo.

Más allá de los temas particulares, de los debates específicos, este libro promueve una visión del mundo, una forma de entendimiento de la realidad que es escéptica y esclarecida al mismo tiempo. Esta visión enfatiza, entre otras cosas, la necesidad ética de la compasión, el asombro como imperativo vital, el escepticismo sobre las ideologías y las simplificaciones del mundo, la conexión de todas las formas de vida y la búsqueda permanente de sentido y autotrascendencia. La visión de Huxley conjuga una denuncia a los extravíos de las civilizaciones técnicas y una celebración de la vida en este planeta, en este lugar del universo.

Este no es un libro de ocasión. No es un comentario sobre la coyuntura actual, pero sí es un libro sobre el presente y el futuro. Lo escribí, en buena medida, durante el primer semestre de 2020, en medio del confinamiento obligatorio. Algunas de las ideas discutidas tienen, así pensé mientras las escribía, entre una reunión virtual y la siguiente, una clarividencia extraña, parecieran haber sido escritas a propósito de este año extraño, inimaginable. La lista de ideas urgentes es larga: la presencia acechante de la muerte, los límites de la medicina moderna, la excesiva especialización del mundo académico, la crisis del medio ambiente que ya no podemos esconder, el poder destructivo de las ideologías y el nacionalismo, las trampas crecientes de la tecnología, la relación del ser humano con las sustancias psicoactivas, etc.

En 1967, algunos años después de su muerte, la banda de *rock* inglesa los Beatles le hizo un pequeño homenaje a

Aldous Huxley. Su rostro aparece en la portada de uno de los álbumes de música popular más importantes del siglo XX, *Sgt. Pepper's Lonely Hearts Club Band*, en compañía de los rostros de Edgar Allan Poe, Bob Dylan, Marilyn Monroe, Karl Marx, Oscar Wilde, James Joyce y otros cincuenta y ocho personajes. Es un homenaje a un hombre y sus ideas, a un pensador contradictorio: un aristócrata de buenas maneras que terminó siendo un ícono de la contracultura de los años sesenta, un escéptico que asumió muchas veces una postura de predicador, un humanista obsesionado con la autodestrucción, un privilegiado que criticó las injusticias prevalecientes y un pesimista que creía, como Borges, que no pasa un día sin que estemos al menos un instante en el paraíso.

En los años cuarenta del siglo pasado, Aldous Huxley escribió un bello prólogo a una edición de los grabados de Goya. De todos los grabados, resaltó uno, el de un anciano vacilante, encorvado por el peso de los años y la vida. En la parte de arriba del grabado aparece una leyenda sugestiva: "Aun aprendo". Era su frase favorita, resumía una certeza con la que vivió de manera permanente. Supo más que casi todos sus contemporáneos, pero siguió aprendiendo durante toda su vida. Además de una reflexión sobre el destino humano y sobre la posibilidad de un mundo mejor, este libro es también una invitación a aprender, a seguir aprendiendo, a hacer del aprendizaje, como lo hizo Huxley, una forma de vida, tal vez la mejor forma de todas las vidas posibles.

Francisco de Goya y Lucientes - 'Todavía estoy aprendiendo' ('Aún aprendo')
Lápiz negro, Lápiz litográfico sobre papel verjurado, agrisado, 192 x 145 mm. Hacia 1826.

1

Atención y compasión

Hay una pena inherente a la condición humana, es el precio que debemos pagar por ser organismos sensibles y conscientes de sí mismos, aspirantes a la liberación, pero sometidos a las leyes de la naturaleza y sometidos a la necesidad de continuar marchando a través del tiempo irreversible, a través de un mundo absolutamente indiferente a nuestro bienestar, hacia la decrepitud y la certidumbre de la muerte.

Aldous Huxley, La isla

Es mucho haber tocado el viviente jardín siquiera un día.

Jorge Luis Borges

En sus últimos libros y ensayos, Aldous Huxley expuso de manera elocuente su visión de la vida y la experiencia humana. Una visión que invita no solo a aceptar el mundo tal como es, con sus dosis desiguales de placer y sufrimiento, sino también a celebrar el milagro de la existencia, "el privilegio de estar vivo y de ser testigo de ese milagro; de ser, en verdad, algo más que un testigo: un participante, un aspecto del milagro".

Este capítulo resume esa visión, la visión de Aldous Huxley sobre la existencia humana, expuesta de manera comprehensiva en su última novela *La isla*. El capítulo está construido como un manifiesto personal. Mezcla las opiniones de Huxley y mis opiniones sin muchos escrúpulos, de forma deliberada. Contiene, primero, una lista de diez razones para el pesimismo cósmico y argumenta después que, a pesar de todo, a pesar de las penas inherentes a la condición humana, la vida es un privilegio que debemos celebrar.

DIEZ RAZONES PARA EL PESIMISMO CÓSMICO
[INSPIRADAS EN HUXLEY Y SU NOVELA *La isla*]:

1.   Primero están la decrepitud y el inevitable final. La enfermedad está siempre al acecho. Somos máquinas deleznables que se gastan rápidamente y dejan de funcionar en cualquier momento. La vida biológica puede definirse como un orden precario que el tiempo va resolviendo cada día. La medicina ha logrado contrarrestar algunos riesgos externos

y aminorar el dolor físico, pero sus logros son exiguos: algunos años más de vida, muchos de ellos malogrados por la enfermedad. La degradación es nuestro destino, el horror esencial del que hablaba Huxley.

El tremendo hecho de la muerte nos acompaña todos los días, está siempre presente. Vivir, dice el poeta mexicano José Emilio Pacheco, es ir muriéndose. "Placeres pasados, desdichas y percepciones anteriores, todo tan inmensamente vivo en nuestro recuerdo, y, sin embargo, todo muerto, muerto sin esperanza de resurrección", escribió Huxley sobre nuestras muertes sucesivas. Parte de nuestro sufrimiento, además, es incomunicable. Estamos solos, atrapados en nuestras consciencias, aislados casi completamente: "La conciencia de que uno existía era la conciencia de que uno estaba siempre solo", dice uno de los personajes de su última novela.

2. Desde una perspectiva biológica, somos solo artefactos desechables, vehículos transitorios creados por el código genético con el único objetivo de perpetuarse. La biología moderna rechaza la trascendencia. O mejor, sugiere que lo único permanente es el código genético: los animales somos meros mensajeros intergeneracionales y en el caso de los seres humanos, mensajeros conscientes de su transitoriedad. La vida es un continuo morir y renacer, una especie de mecanismo infinito que devora sus criaturas para poder seguir girando.

"El individuo es un artificio para que una porción de materia viva pueda desempeñarse y proceder en un medio ambiente determinado. Después de un tiempo lo desechan y muere. Contiene, sin embargo, una reserva sustancial inmortal que transmite a las generaciones siguientes", escribió Julian Huxley, hermano mayor de Aldous, y nieto de Thomas H. Huxley, el más vehemente de los defensores decimonónicos de Charles Darwin y la teoría de la evolución.

El filósofo Arthur Schopenhauer ya había dicho lo mismo antes de Darwin:

La variedad de las organizaciones, la perfección de los medios mediante los cuales cada una se adapta a su entorno y a sus presas, contrastan enormemente con la ausencia de un fin consistente; en su lugar se presenta un instante de placer, pasajero, cuya condición previa es la carencia, los numerosos y prolongados sufrimientos, un combate continuo, *bellum omnium*, donde todos son cazadores y presas; tumulto, privación, miseria y miedo, gritos y alaridos: y así continuará *in sécula seculórum* o hasta que la corteza de nuestro planeta se haga pedazos de nuevo. Junghum cuenta que vio en Java un campo cubierto de osamentas que se extendía hasta el horizonte y creyó que debía ser un campo de batalla. En realidad, eran los esqueletos de grandes tortugas de cinco pies de largo y tres de alto y de ancho que, al salir del mar, toman ese camino para depositar sus huevos y son atacadas por perros salvajes que, uniendo sus fuerzas, las vuelcan, les arrancan el caparazón inferior y las conchas del vientre y las devoran vivas. Pero a menudo, en esos momentos, aparece un tigre y se abalanza sobre los perros. Esta desoladora escena se repite miles y miles de veces, año tras año; para eso han nacido esas tortugas.

Algunos inventores de estos tiempos han propuesto una salida tecnológica a nuestra transitoriedad. Uno podría, sugieren, *descorporizar* la conciencia humana: subirla a algún computador de memoria infinita para luego implantarla en otro ser humano o en un robot indestructible. Sin embargo, estas pretensiones no son más que fantasías de emprendedores atemorizados por la intrascendencia del mecanismo darwinista, por nuestro papel de simples recaderos del código genético. En palabras de Huxley, "la creencia en la vida eterna jamás ayudó a vivir en la eternidad".

3. La vida humana no tiene un sentido intrínseco. Sísifo empuja la piedra cuesta arriba, sube y baja la pendiente repetidamente sin un sentido distinto a ese subir y bajar. El conocimiento acumulado por la ciencia confirma esta visión desoladora. Mientras más conocemos sobre el mundo, más profunda es la contradicción entre la búsqueda de sentido y el silencio del universo.

Cada conquista de la ciencia, escribió el científico francés Jacques Monod hace cuatro décadas, es una victoria del absurdo. "El enfoque científico le revela al hombre que es un accidente, casi un extraño en el universo, y reduce la vieja alianza entre el hombre y la creación a un tenue y frágil filamento". La ciencia revela un mundo sin tutores, donde el hombre no es fruto de la necesidad o la voluntad de un ser superior, sino del azar y el tiempo.

La toma de conciencia de la muerte y la aparición de Dios son la misma cosa. Todos los dioses son de fabricación casera. Los seres humanos necesitamos ficciones consoladoras que nos permitan imaginarnos algún sentido y trascendencia. "Dada la naturaleza de las arañas, sus telas son inevitables. Y dada la naturaleza de los seres humanos, lo mismo ocurre con las religiones. Las arañas no pueden dejar de construir trampas de hilos, y los hombres no pueden dejar de fabricar símbolos", escribió Huxley en *La isla*. Sin embargo, los dioses no nos prestan atención. Son marionetas que movemos inútilmente, tiramos de sus cuerdas esperando conmover al universo, pero nada ocurre. "Tironea una y otra vez, con energía y vigor, los dioses bailan, pero los cielos permanecen inmóviles", cantan los niños de Pala, la isla iluminada que inventó Huxley en su última novela.

4. Vivimos en medio de una ignorancia fundamental. Las preguntas esenciales sobre la vida no tienen respuesta. En palabras del poeta venezolano Rafael Cadenas, "la ignorancia

fundamental es en el fondo un no saber, es darse cuenta de que todo lo que el hombre ha construido, todo lo que el hombre conoce, está fundado sobre un desconocimiento de la realidad primaria, es decir, de lo que podemos llamar el origen de todo". La ciencia aporta algunas pistas, pero sus respuestas son siempre parciales. Resulta muy difícil, leí alguna vez, rechazar la hipótesis fantástica de que somos parte de alguna simulación deliberada o espontánea. No lo sabemos. No lo sabremos.

Huxley abogó al final de su vida por una salida radical, por una especie de atajo farmacológico, una expansión (artificial) de la conciencia que permitiera correr el velo de la ignorancia fundamental y entender quiénes somos en realidad. Vislumbró, en sus experimentos con las drogas, una respuesta parcial más allá de las palabras: "Allí, bailando entre ambos y fuera de ambos, estaba el positivista lógico, absurdo pero indispensable, tratando de explicar, en un lenguaje inconmensurable con los hechos, qué era todo esto".

Si alguna vez lográramos entrever una respuesta a las preguntas esenciales, con la ayuda de algún fármaco milagroso, por ejemplo, probablemente no nos daríamos cuenta. Intuiciones más allá de las palabras. Solo a eso podemos aspirar. Ni siquiera sabemos si estamos solos en el universo. La comunicación con otras inteligencias es casi una imposibilidad teórica. Todavía no sabemos qué esconde la mirada del perro, menos sabremos interpretar las señales que nos llegan de otros mundos. El antropocentrismo probablemente no tiene remedio. El hombre sigue siendo, a su pesar, la medida de las cosas que no entiende. En fin, el misterio de la vida es eso, un misterio.

5. El amor es un consuelo, una respuesta al absurdo y una forma de resistencia ante la muerte. Pero el amor contiene sus propios riesgos. Mientras más amamos, más doloroso es

el desprendimiento. Es como si la vida o el universo (en una suerte de principio general de conservación de la felicidad) quisiera cobrarnos las dichas: mayor amor presente = mayor sufrimiento futuro. Las presencias más entrañables serán siempre las ausencias más dolorosas. "Si aspiras a un estado libre de dolor, no tengas nada querido en ningún lugar de este mundo", predicaba el Buddha.

"Dos personas, dos individuos separados que juntos constituyen algo así como una nueva creación. Y de pronto la mitad de esa nueva creación es amputada, pero la otra mitad no muere… no puede morir, no debe morir", escribió Huxley a propósito de la muerte de una de las heroínas de su novela *La isla*.

Paradójicamente, sugiere Huxley, eliminar el dolor de la amputación, aspirar a un sufrimiento completamente indoloro, sería incluso más trágico que el padecimiento, pues nos haría menos humanos. "No sería correcto que se pudiese eliminar todo el dolor de la desaparición de un ser querido, en ese caso seríamos menos que humanos". Todos los hombres debemos enfrentar el dolor del desprendimiento. No hay salida.

El poeta Jorge Luis Borges cita un texto mítico tibetano, el poema *La ley del Buddha entre las aves, guirnalda preciosa*, que describe una gran asamblea de animales alados, un tema mitológico recurrente. En medio de la asamblea, el gallo pide la palabra y explica su cosmovisión.

> *Mientras viváis en este mundo del Samsara, no tendréis dicha duradera.*
> *La ejecución de los asuntos mundanos no tiene fin.*
> *En la carne y la sangre no hay permanencia.*
> *Mara, señor de la muerte, nunca está ausente.*
> *El hombre más rico parte solo.*
> *Estamos obligados a perder a aquellos que amamos.*
> *Dondequiera que miréis, nada sustancial hay allí.*
> *¿Me comprendéis?*

6. Somos un animal que siempre quiere más. Insatisfecho. En palabras de George Steiner, "una tristeza de la saciedad sigue a todos los deseos satisfechos". La historia es conocida. Queremos algo con una intensidad desproporcionada, como si un objeto cualquiera exhibido en una vitrina fuera a traernos la felicidad o el esclarecimiento, pero una vez lo poseemos, dejamos de quererlo, perdemos nuestro interés. Hay algo no solo estéticamente repulsivo, sino también existencialmente triste en el sobreconsumo de las sociedades modernas, en un niño aburrido, rodeado de juguetes abandonados y pidiendo uno nuevo, otro más.

Huxley aborrecía la publicidad, sabía bien que los publicistas habían descubierto nuestro lado flaco, nuestra tendencia a buscar (torpemente) en los bienes de consumo una respuesta a los problemas esenciales del ser humano. Les basta con identificar, decía, un miedo o una ansiedad general, relacionarlo con el producto que quieren vender y luego crear la ilusión, mediante artificios gráficos y verbales, de que, una vez adquirido, este resolverá nuestros problemas. Los vendedores de cosméticos venden esperanza. Los de automóviles, prestigio. Los de laxativos, salud. Los de vitaminas, vitalidad. Todos saben bien que somos dados al "autoengaño profiláctico".

En *La isla*, Huxley menciona con ironía los 1358 artículos que contenía el *Catálogo de Verano y Primavera* de Sears, Roebuck & Company en 1960: percheras con tirantes para sostener el vientre caído, zapatos de hormas anchas con plataformas mullidas, corpiños color rosa susurro, motocicletas de todos los calibres, botes de muchos tamaños y motores, prendas para todas las ocasiones, tallas y gustos, entre otros muchos artículos. Quienes no los poseen se sienten frustrados (por la carencia), quienes ya los tienen, tristes (por la saciedad). Así somos.

7. No solo sucumbimos a las promesas falsas de la publicidad, estamos también dispuestos a seguir al Gran Líder, a morir por la causa, a renunciar a la vida. Somos una especie que ama la libertad, pero añora las cadenas. Veinte por ciento de los seres humanos, plantea Huxley con cierto optimismo, puede ser hipnotizado con facilidad, convertido en víctima de cualquier demagogo. En una democracia, un buen orador congrega sin dificultad a un ejército de fanáticos. En una dictadura, los fanáticos son "movilizados como el núcleo duro del partido omnipotente". En cualquier caso, todos parecen dispuestos a sacrificar la libertad por una quimera, por una ilusión vana.

La pesadilla se ha repetido una y otra vez en la historia de la humanidad. "Adelante, soldados nazis; adelante, soldados de Cristo; adelante marxistas y musulmanes, adelante todos los pueblos elegidos, todos los cruzados y los dirigentes de guerras santas. ¡Adelante hacia la desdicha, hacia toda la perversidad, hacia la muerte!".

8. Pero no solo sucumbimos al engaño de publicistas y políticos, somos también propensos al autoengaño, a mentirnos a nosotros mismos, a proteger, con base en la manipulación de la evidencia, nuestras creencias y nuestras ideas del mundo. Tendemos a negar la realidad. Si un hecho contradice nuestras convicciones más íntimas lo rechazamos sin más. La sinceridad es muy difícil, requiere de una constante autocrítica, necesita una postura objetiva en un asunto sobre el cual siempre estaremos sesgados: nosotros mismos.

Además, el autoengaño nos lleva con frecuencia a la frustración. Casi siempre tenemos expectativas exageradas, irreales sobre el futuro. "La consecuencia de esas expectativas, de esa impaciencia que llamamos esperanza, es que con frecuencia se quedan cortas", escribió George Steiner. La vida es una actualización de nuestras expectativas más grotescas, un ejercicio reticente de realismo, una convergencia entre lo que somos y lo que creemos que somos para usar el lenguaje de Huxley. "Reconciliarse con la propia suerte... esa es una gran hazaña", dice una profesora iluminada al final de *La isla*. Una hazaña que debemos practicar todos los seres humanos, todos desplegamos, volviendo a Steiner, tácticas contra la desilusión, contra el ácido de la esperanza frustrada.

9. Somos al mismo tiempo, escribió Huxley en sus ensayos sobre las drogas, beneficiarios y víctimas de la cultura en que vivimos. La cultura nos hace florecer, pero simultáneamente cercena nuestras iniciativas. Las normas sociales, por ejemplo, son fundamentales para el funcionamiento de la sociedad, pero castigan la disidencia y favorecen la uniformidad. Hay dos pesadillas posibles: la de un mundo sin normas, sumido en el caos, y la de un mundo demasiado ordenado, la del control social absoluto.

Para todos los seres humanos hay un castigo peor que la muerte: el ostracismo, el rechazo de la comunidad, el destierro de su cultura y su pasado. Nada hay tal vez más importante (y agobiante) para la mayoría de los seres humanos que las opiniones de sus amigos y familiares. Nos importan mucho las opiniones de los otros. "Uno no es lo que es sino lo que los otros le permiten creer que es", escribió alguna vez el novelista Fernando Vallejo.

La idea de un regreso a un mundo distinto, en el cual podamos acercarnos a la naturaleza, alejarnos de las miradas de los otros, quitarnos la máscara de la sociabilidad y ser auténticos, es una idea nostálgica recurrente, pero en últimas engañosa. Para bien y para mal, la vida humana se vive en el ambiente de la cultura, en el teatro de la sociedad.

10. Somos muchos, el problema de la población no ha sido resuelto, escribió Huxley a finales de los años cincuenta con

cierta impaciencia malthusiana. Éramos tres mil millones entonces, somos más de siete mil millones ahora en el despunte de la tercera década del siglo XXI. En su mente siempre estuvo presente una ecuación básica: la sobrepoblación lleva a la inseguridad económica y al descontento social, lo que, a su vez, lleva a la concentración del poder y al totalitarismo.

Más allá de esta visión catastrofista, los problemas de acción colectiva casi nos definen como especie, la tensión entre lo individual y lo colectivo ha sido siempre el gran problema humano: queremos a los demás, pero nos queremos demasiado a nosotros mismos. En el mundo actual, en medio de una crisis climática, lo que antes era cierto a escala local, en pequeñas comunidades, ahora es una realidad global inevitable: si no incorporamos en nuestras decisiones el impacto sobre los demás, probablemente no seremos capaces de sobrevivir como especie. Los problemas de acción colectiva no solo nos definen, definirán también nuestro futuro. La tensión entre libertad y bien común es hoy más trágica que siempre.

> *Estar aquí en la tierra: no más lejos*
> *que un árbol, no más inexplicables;*
> *livianos en otoño, henchidos en verano,*
> *con lo que somos o no somos, con la sombra,*
> *la memoria, el deseo…*

Terredad, Eugenio Montejo

Los diez puntos anteriores, mi lista de las penalidades de la vida inspirada en Huxley, son un manifiesto realista, una invitación a aceptar la vida tal como es, sin paraísos inventados. "Los hechos de la vida son los hechos de la vida".

Huxley nunca creyó que la Providencia fuera un oculto filántropo o algo parecido. Pero no se quedó en el lamento existencialista, en la protesta contra la maquinaria darwiniana o la segunda ley de la termodinámica que todo lo acaba. Por el contrario, su obra fue una búsqueda incesante de sentido, desde la ciencia, el arte, la religión e incluso las drogas. Una búsqueda que podríamos llamar espiritual, con espiritualismo realista si el término cabe.

Su mensaje fundamental, producto de años de estudio, experimentación y reflexión, está resumido en dos palabras, en las dos expresiones que canturrean incesantes los mynah, los pájaros ficcionales de la novela *La isla*: atención y compasión ("karuna").

Atención es un llamado a tomar conciencia sobre la necesidad de sacralizar la vida de todos los días y sobre la importancia de aprender a percibir. *To be aware*, fue el mensaje de Huxley al mundo moderno, su respuesta a las penurias de la vida. Una y otra vez, insistió en el privilegio que implica, a pesar del dolor y la tragedia, habitar un cuerpo humano en este planeta, el privilegio de "ser una criatura finita entre otras criaturas finitas". Pensaba, como Jorge Luis Borges, que "el mero hecho de ser es tan prodigioso que ninguna desventura debe eximirnos de una suerte de gratitud cósmica".

Huxley insistió, además, en la necesidad ética de la compasión, entendida como la solidaridad con otras criaturas finitas con las que compartimos un destino común: la muerte, la enfermedad y la desazón. Nuestra humanidad reside en entender que "somos voces de la misma penuria". En este universo, no hay juicios metafísicos ni rendiciones de cuentas al final de la vida. La Providencia no está ocupada de los asuntos humanos. Pero si lo estuviera, sugiere Huxley, seríamos juzgados por cuan bien hemos tratado a quienes nada tienen que ver con nosotros salvo su humanidad. Karuna, en últimas. Compasión.

LECTURAS

Este capítulo está basado en las reflexiones y pensamientos de Aldous Huxley en sus últimos ensayos y en su novela *La isla*, injustamente olvidada. Huxley es el protagonista principal, pero no el único. Un pequeño libro de George Steiner, quien murió mientras estaba escribiendo este capítulo, *Diez (posibles) razones para la tristeza del pensamiento*, me sirvió de inspiración y modelo. Constituye un ejemplo de lucidez y humanismo. Cuatro poetas aparecen en el capítulo. Son posiblemente mis cuatros poetas preferidos, dos venezolanos Rafael Cadenas y Eugenio Montejo, un mexicano José Emilio Pacheco y un argentino (y ciudadano del mundo) Jorge Luis Borges. Aparece también el científico e intelectual francés Jacques L. Monod, autor de un libro de divulgación científica escrito hace cincuenta años que sigue vigente, *El azar y la necesidad*. Lo he leído varias veces, cada vez aprendo algo nuevo. Cuando lo leí por primera vez, en 1996, tomé plena conciencia de la importancia del azar en nuestras vidas, en nuestro trasegar como especie y como individuos por este planeta misterioso.

2

Huxley y la salud pública

La ciencia médica ha progresado tanto que ya casi no quedan seres humanos sanos.

Aldous Huxley

En 1948, la Organización Mundial de la Salud (OMS) definió la salud como "un estado de completo bienestar físico, mental y social". Nadie es saludable según esta definición. La salud no es un estado completo de bienestar, es la capacidad que tienen las personas o comunidades de gestionar aquellos desafíos físicos, mentales o sociales que se les presenten en la vida.

Alejandro Jadad

En diciembre de 1911, con apenas dieciséis años y mientras estudiaba en el exclusivo colegio de Eton en Inglaterra, donde años más tarde sería profesor de francés de George Orwell, Aldous Huxley comenzó a tener una leve molestia en los ojos. En pocos días esta se convirtió en una fuerte hinchazón, en una dolencia incapacitante que le nublaba la vista por completo. "El joven con la curiosidad inmensa acerca del mundo, el joven que quería leer todos los libros, estaba casi ciego. Apenas podía distinguir entre la luz y la oscuridad. Era incapaz de valerse por sí mismo. No podía leer", escribió uno de sus biógrafos sobre el incidente.

Algunas motas de polvo infectado se habían incrustado en sus ojos, causándole una infección bacteriana. Ni la penicilina ni la cortisona existían hace ciento nueve años. Cualquiera podía caer en cualquier momento. La fragilidad definía la vida humana. La medicina era entonces incipiente, una herencia medieval. La época de oro de la medicina comenzaría un poco más tarde, a mediados de los años treinta y abarcaría casi medio siglo.

Como parte de su tratamiento, el joven estudiante, con sus ojos hinchados, casi inservibles, debía ir cada semana al Instituto de Medicina Tropical a recibir una serie de inyecciones. No hay registros de las visitas. La historia clínica no existe. Las especificidades del tratamiento están perdidas en el insondable pasado. Sabemos, eso sí, que Aldous recuperó parcialmente la vista después de unos meses, pero la infección cambió su vida. No pudo estudiar medicina como había querido y tuvo que soportar (estoicamente) graves problemas oculares toda su vida. Aldous Huxley hace parte de esa notable tradición de escritores ciegos.

A pesar de la enfermedad y la ceguera que lo llevaron de la ciencia a las letras (en su último ensayo publicado en vida escribió elocuentemente sobre la afinidad entre unas y otras), Aldous Huxley nunca perdió el interés por la medicina. Todo lo contrario. Leía periódicamente la revista inglesa *The Lancet*. Trataba de estar actualizado sobre los avances de la ciencia médica. Declaró alguna vez, en una de sus tantas entrevistas, que ya no leía textos de ficción, que sus lecturas consistían mayormente en revistas científicas, sobre todo médicas.

Para Huxley la salud pública era fundamental, uno de los sustentos de cualquier sociedad funcional que aspirara a cierto nivel de bienestar y justicia. "La salud pública y las reformas sociales son las precondiciones indispensables para cualquier tipo de esclarecimiento general", dice uno de los protagonistas de *La isla*. No por casualidad uno de los reformadores sociales de la isla de Pala, el paraíso imaginado por Huxley, el escenario ficticio de su última novela, es un médico, un calvinista escocés que llegó como un cirujano ocasional y se convirtió en un salubrista iluminado, en un gran transformador social.

La isla de Pala mezcla lo mejor de Occidente y Oriente, "la ciencia experimental pura en un extremo del espectro y el misticismo experimental puro en el otro". Sus leyes combinan las visiones complementarias de dos reformadores: un médico occidental y un soberano oriental, "el calvinista convertido en ateo y el piadoso budista mahayana". El segundo desconocía la ciencia y la tecnología europea, el primero sabía muy poco acerca del arte de vivir y la ciencia de la mente humana. Cada uno compensaba las deficiencias del otro.

La novela *La isla* presenta, de manera fragmentaria, aquí y allá, en las voces de diversos personajes, la visión de Huxley sobre la medicina, una visión al mismo tiempo optimista y escéptica. En las primeras páginas de la novela, una enfermera perspicaz, dada al pensamiento crítico, hace un análisis despiadado del estado de la medicina moderna (la novela fue publicada en 1962, los problemas aludidos se han agudizado desde entonces):

> La medicina moderna es cincuenta por ciento magnífica y cincuenta por ciento inexistente. Maravillosos antibióticos... pero nada de métodos para aumentar la resistencia a fin de que los antibióticos no sean necesarios. Fantásticas operaciones... pero cuando se trata de enseñar a la gente la forma de pasar por la vida sin tener que ser partida en dos, absolutamente nada. Y lo mismo en todo lo demás. Muy buena para remendarlo a uno cuando ha comenzado a desmoronarse, pero pésima para mantenerlo sano. Aparte de las vacunas y los alcantarillados, parece que no se ocuparan para nada de la prevención. Y sin embargo tienen un proverbio: prevenir es mejor que curar.

La enfermera no termina allí su alegato. Con un poco de sarcasmo, orgullosa de una tradición cultural que acepta alegremente los límites de la vida, cita de memoria la cuarteta que todos los estudiantes de enfermería deben memorizar su primer día de clases:

> "Yo" soy la multitud, obedezco tantas leyes
> como esa tiene miembros. Químicamente impuros:
> son todos "mis" seres. No existe una sola cura
> para lo que no puede tener una sola causa.

En la novela, Huxley pone de presente que los conceptos de salud y bienestar son similares, casi sinónimos: "*holy* (sagrado), *healthy* (sano) y *whole* (íntegro): estas tres palabras provienen de la misma raíz en el idioma inglés y representan diferentes matices del mismo significado". La salud, sugiere, es diferente de la medicina: la medicina es responsabilidad de médicos y enfermeros, pero la salud es de todos, una creación colectiva, un reflejo de la cultura, una forma de adaptación y, si se quiere también, de enfrentar la muerte. En las palabras de un personaje de *La isla*:

> En su parte del mundo los médicos se libran de los niños envenenándolos con barbitúricos. Nosotros los curamos hablándoles sobre catedrales y pájaros. Sobre blancas nubes que flotan en el cielo, blancos cisnes que flotan en la oscuridad, en el oscuro, suave, irresistible río de la vida.

No está escrita en estos términos, está dispersa en varias partes, pero la visión de Huxley sobre la salud parece conjugar tres elementos: 1. una celebración de la edad de oro de la medicina moderna, de los grandes avances en el control de las enfermedades transmisibles, así como de los anticonceptivos, los acueductos, los alcantarillados y la electricidad; 2. una crítica a la excesiva medicalización de la vida y un escepticismo casi axiomático sobre el papel remedial de la medicina en el manejo de las enfermedades crónicas; y 3. una idea integral de la salud, entendida no como un estado máximo de bienestar, sino como un atributo de la cultura que incluye, entre otras cosas, la celebración de la vida, el respeto por la naturaleza y la aceptación (alegre si se quiere) de la muerte y las penurias de la vida.

Con el paso del tiempo, con la acumulación de la evidencia, a pesar de los grandes avances tecnológicos de los últimos años, muchos de ellos inimaginables, esta visión parece inobjetable, guarda plena coherencia con los hechos del mundo. Sesenta años después, podríamos decir que Huxley tenía razón: el avance de la medicina ha sido notable, pero sus límites son también evidentes. El gráfico lo dice todo. La disminución

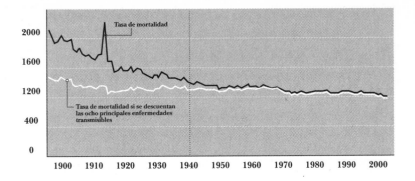

Tasa de mortalidad del mundo, muertes por cien mil habitantes, 1900, 2015.

de la mortalidad fue rápida en la primera mitad del siglo XX (el pico corresponde a la gripa española, la gran pandemia de 1918), pero ha sido mucho más lento en tiempos recientes. Si se descuentan las muertes causadas por las ocho principales enfermedades contagiosas, la disminución de la mortalidad ha sido marginal.

A pesar de todos los avances tecnológicos, del conocimiento exhaustivo de su código genético, de los cientos de miles de artículos publicados, la respuesta a la pandemia del coronavirus no fue, en sus primeros meses, muy distinta a la de 1918: cuarentenas generalizadas, distanciamiento físico y cloroquina: los mismos remedios elementales de hace cien años. La complejidad biológica y ecológica, la forma intrincada y misteriosa como se conectan todos los seres vivos, revela no solo los límites del conocimiento científico, sino también la sinrazón de la arrogancia humana.

El investigador estadounidense John Ioannidis, quien más que nadie ha puesto de presente los extravíos de la ciencia médica, mostró, en uno de sus artículos seminales, que de ciento uno grandes descubrimientos anunciados por las principales revistas médicas entre 1979 y 1983, solo veintisiete de ellos habían sido evaluados exhaustivamente tres décadas después, de ellos, a su vez, cinco fueron aprobados por las agencias sanitarias y uno solo mostró alguna utilidad. En términos generales, lo mismo ha ocurrido, por ejemplo, con la genómica: los resultados finales no han justificado el entusiasmo inicial. La ciencia médica actual, en línea con el escepticismo de Huxley, promete más de lo que puede cumplir.

La medicina parece estar enfrentado una barrera infranqueable, la complejidad biológica. Los organismos vivos están hechos para desintegrarse. La evolución se dio cuenta hace mucho tiempo de que no valía la pena hacer organismos más resistentes, pues íbamos a morir de todos modos como consecuencia de una causa externa: un rayo, un alud de tierra, una tormenta, un animal enfadado o hambriento, etc. La evolución inventó, mucho antes que el capitalismo, la obsolescencia programada. Nacemos con los días casi contados. Podemos aplazar, quizá, algunos años la enfermedad y la muerte, pero eso es todo. La salud también consiste en aceptar esta realidad esencial.

Aldous Huxley hace un llamado a un sano escepticismo. "Las cambiantes modas de la medicina son tan grotescas como las cambiantes formas de los sombreros femeninos", escribió al final de su vida. Uno podría, en esa tradición, hacer una especie de lista o manifiesto que (como los enfermeros de *La isla*) leerían los estudiantes de medicina en su primer día de clases.

1. La tasa de mortalidad de la humanidad es de cien por ciento.
2. La vejez no es una enfermedad.
3. Los poderes de la medicina son limitados.
4. La comprensión de la morbilidad al final de la vida es una ilusión.
5. Menos muchas veces es más.
6. La última moda tecnológica es eso, una moda, un entusiasmo transitorio.

7. Las tecnologías de costo cero, como la conversación, son imprescindibles.

En los Estados Unidos, el epicentro de la tecnología médica, un país que gasta cuatro o cinco veces más en salud por habitante que un país europeo normal, la esperanza de vida al nacer ha caído durante tres años consecutivos. "Las muertes del desespero" las llama el economista Angus Deaton.

Este hecho, inquietante y paradójico, revela, como lo había insinuado Huxley, la creciente ineficacia de las tecnologías médicas orientadas meramente a extender un poco más la vida de unos cuantos, el olvido general de la salud pública y las grandes fracturas sociales, las brechas entre quienes pudieron encontrar su lugar en el mundo y quienes se han visto desplazados de las oportunidades y de cualquier forma posible de esperanza.

Aldous Huxley pensaba que el método científico ofrecía no solo un modelo para escudriñar el mundo sino también una especie de guía moral. El escepticismo es al fin y al cabo una forma de respeto, casi una virtud democrática. Sin embargo, su defensa del método científico no siempre lo protegió de algunas ideas equivocadas, problemáticas. Creyó que el Estado debería practicar ciertas formas sutiles de eugenesia. Defendió también, contra toda evidencia, la clasificación de los seres humanos en categorías fisiopsicológicas con el fin, entre otras cosas, de prevenir el crimen y de intervenir precozmente en el manejo de ciertas enfermedades mentales.

Escribió, en los años cuarenta del siglo anterior, un breve libro sobre el llamado método Bates: una terapia inefectiva que recomendaba una serie de ejercicios simples (movimientos de los ojos, relajación, etc.) para que las personas con problemas oculares pudieran curarse y prescindir completamente de los lentes de corrección. Contó, en el libro de marras, su experiencia personal, su supuesta extraordinaria evolución

41

de una ceguera casi total a una situación normal. Sobra decirlo, el empirismo vulgar, basado en la experiencia propia, en las anécdotas, no es un buen ejemplo de aplicación del método científico.

Años después de la publicación de este libro, un oftalmólogo estadounidense reveló las falsas promesas de la terapia mágica del doctor Bates. En la denuncia, relató que había sido testigo de un incidente vergonzoso. Huxley, supuestamente curado de sus problemas de visión, acudió sin sus pesadas gafas a una conferencia pública en California. La exhibición fue un desastre: no podía leer de corrido, omitía párrafos enteros y repetía otros sin darse cuenta. La vida de todos está llena de paradojas. El escritor escéptico, el obsesivo lector de revistas médicas, había sido víctima de un charlatán. La tiranía de la esperanza es difícil de evadir: somos propensos a creer en los milagros médicos que en teoría pueden salvarnos.

ALDOUS HUXLEY Y LA BUENA MUERTE
El 12 de febrero de 1955, en su casa de California, rodeada de sus cosas, no de aparatos titilantes ni de una farmacia numerosa, murió María Huxley, la primera esposa de Aldous. María lo había acompañado, a veces alegre, a veces resignada, en sus travesías por medio mundo. Alguna vez, en una de sus innumerables cartas, escritas frenéticamente en varios idiomas, había descrito a su esposo como el menos práctico de los hombres. Aldous estuvo a su lado durante sus últimos días, acompañado de Matthew, el hijo de ambos, agradecido y sumido en una inmensa tristeza. "En la medida en que he aprendido a ser humano (y tiendo, créanme, a no serlo), ha sido gracias a María", escribió Aldous después de la muerte de su esposa.

Durante esos últimos días, Aldous solía sentarse en la cama de su esposa moribunda. Permanecía muchas veces en silencio, contemplativo. Otras veces trataba de consolarla con palabras. Hablaba sobre todo de la luz, de la luz y la vida.

Habían pasado muchos días juntos en los desiertos del sur de California, donde la luz brilla de una manera especial. María amaba el desierto más que ningún otro lugar. "La luz había sido el elemento en el cual su espíritu había vivido. Mis palabras por lo tanto hablaban de luz", escribió. Ya en las últimas horas, Aldous se sentó en una silla al lado de la cama. Se acercó a su esposa y le murmuró que estaba con ella, que siempre lo estaría y que la luz estaba en la realidad de las cosas. Le dijo también que estaba rodeada de amor y que ese amor era la manifestación de un amor más grande que la sostenía y envolvía. Finalmente, le sugirió que era el momento de olvidarse del cuerpo, el tiempo vivido, las viejas memorias, el remordimiento, la nostalgia y las aprehensiones. Con lágrimas corriendo por sus mejillas (la muerte es también un lugar común), Aldous leía apartes de *El libro tibetano de los muertos*, los apartes que hablan de la luz, de la entrada al bardo y de la necesidad de dejarse ir, de soltarse para siempre de la vida.

La luz es la energía vital. La llama sin fin de la vida. Un ondulante y siempre cambiante torbellino de color puede apoderarse de tu visión. Esta es la incesante transformación de la energía. El proceso vital. No temas. Entrégate a él. Únete. Forma parte de ti. Tú eres parte de él.

"La fine é stata tranquilisima", le escribió Aldous a Rina, una amiga italiana, días después de la muerte de María. Durante sus últimos años siempre estuvo preocupado por el problema de la muerte, le inquietaba lo que podemos hacer quienes sobrevivimos para ayudar a quienes están muriendo, y así ayudarnos a nosotros mismos. En su última novela, su novela utópica, que estaba ya escribiendo durante la enfermedad de María, retomó el tema de manera urgente, apasionada, casi autobiográfica.

43

En la novela, Huxley describe en detalle la muerte de Lakshmi, la esposa de Roberto, el bisnieto del médico escocés que había sido uno de los reformadores de Pala, la isla ficcional que usó al novelista para presentar su visión del mundo, del progreso, la vida y la muerte. Lakshmi muere en un hospital que parece más bien un refugio tranquilo, sin la intrusión impertinente de la tecnología, acompañada por su esposo y su hija. Una enfermera entra y sale sigilosamente. El dolor se mantiene a raya. La tristeza y la contemplación se confunden.

La hija de Lakshmi recuerda, en esas últimas horas, las enseñanzas de su madre: "Con suavidad, con suavidad fue el mejor consejo que jamás me hayas dado. Pues ahora yo te diré lo mismo", dice. En sus palabras no hay nada de metafísica, nada de retórica, nada enfático ni portentoso. "Con suavidad, querida mía, en puntillas de pies y nada de equipaje, ni siquiera una maleta pequeña", reitera. Tal como lo había hecho Aldous con María, Roberto recuerda el amor y la alegría que la rodean, que la llevan en paz hacia luz: "[…] de modo que ahora puedas soltarte mi querida. Ahora puedes dejarte ir. Abandona este pobre y viejo cuerpo. Ya no lo necesitas. Abandónalo aquí como un montón de ropas gastadas".

En la visión de Huxley hay tres elementos que parecen definir la buena muerte. Primero, un rechazo a la excesiva medicalización, a la prolongación artificial de la vida que caracteriza en parte a la medicina moderna. Segundo, una espiritualidad basada en el budismo tibetano, en la disolución interior, en la idea de la Clara Luz. Y tercero, una búsqueda (que puede incluir ayudas farmacológicas) de la expansión de la conciencia durante los últimos momentos de la vida.

Aldous Huxley murió a los 69 años, el 22 de noviembre de 1963. Ese mismo día fue asesinado John F. Kennedy, el trigésimo quinto presidente de los Estados Unidos. Dos meses antes Aldous le había escrito a su hermano mayor Julian: "Espero regresar al trabajo regular. Estoy funcionando a una fracción de mi capacidad normal". Un mes antes le había enviado un mensaje similar a su amigo Humphry Osmond: "Espero y pienso que este estado pasará en su curso debido".

Su segunda esposa, Laura, quien lo acompañó durante la última etapa de su vida, contó muchas veces que Aldous nunca tuvo conciencia plena de que iba a morir. Al final de sus días, la muerte era una presencia ineludible, pero silenciosa, implícita. Solo en sus últimas horas, ya agonizante, habló explícitamente de la posibilidad de la muerte. Del 15 al 22 de noviembre, su última semana de vida, Aldous vivió un período de gran agitación mental, pareciera que hubiera descubierto una nueva dimensión de la vida consciente. Nunca paró de pensar, de juntar ideas, de combinar las ciencias y las artes, el pensamiento sistemático y la espiritualidad.

Ya casi moribundo, sin fuerza para escribir, en esa última semana, Aldous le dictó a Laura el que sería su último texto, un ensayo sobre *Shakespeare y la religión*. En su último día de vida, Laura le leyó en voz alta el artículo que él mismo había dictado durante los días previos. Aldous escuchó con atención y cambió varias comas. "El mundo es una ilusión, pero es una ilusión que tenemos que tomarnos seriamente", escribió en ese último ensayo.

El día de su muerte, el viernes 22 de noviembre de 1963, uno de los días más dramáticos del siglo XX, Huxley amaneció con una fuerte agitación y grandes dificultades para respirar. Alrededor de las diez de la mañana, por primera vez en su larga agonía, mencionó la posibilidad de la muerte. Una hora después, pidió una tableta para escribir. En una caligrafía rápida, casi suplicante, escribió: "Try LSD 100mm intramuscular". De inmediato su esposa Laura salió de la habitación a recoger la medicina y encontró, extrañamente, a un grupo de médicos de pie frente a un televisor: las noticias anunciaban el asesinato de Kennedy.

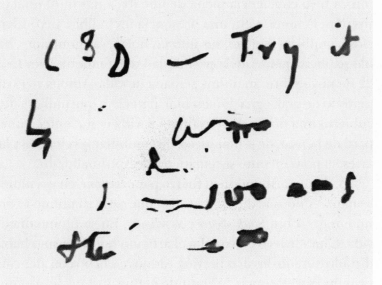

Últimas palabras escritas por Aldous Huxley: Try LSD 100mm intramuscular.

Ella misma le aplicó la dosis. "De repente", escribió Laura días después en una larga carta dirigida a Julian, el hermano mayor de Aldous, "él había aceptado el hecho de la muerte, había tomado su medicina *moksha* en la que creía. Estaba haciendo lo que había escrito en *La isla*. Y tuve la impresión de que estaba interesado, aliviado y meditabundo".

Dos horas después Laura le aplicó una segunda dosis de LSD, la droga que habría de convertirse, algunos años más tarde, en una sustancia maldita y que recientemente ha sido rescatada, entre otras cosas, por sus beneficios en el tratamiento de la ansiedad en enfermos terminales. Después de la segunda dosis, Aldous pareció tranquilizarse. La expresión de su rostro cambió y la angustia se convirtió en placidez. Laura comenzó a hablarle con las mismas palabras que Aldous había usado durante la muerte de María, su primera esposa, y había escrito en *La isla* para describir la muerte de Lakshmi: "Estas yendo hacia la luz. Presto y consciente. Voluntaria y conscientemente estas yéndote. Estas haciendo esto hermosamente. Estás yendo hacia la luz, hacia un amor más grande".

Huxley vivió sus últimas horas tranquilamente, sin agitación, solo su labio inferior temblaba de vez en cuando. Laura escribiría que se apagó dulcemente, como al final de un solo de piano. "Si la forma como Aldous murió fuera conocida despertaría a mucha gente, les haría entender que muchos de los hechos descritos en *La isla* son posibles aquí y ahora". Entre ellos, la buena muerte, esa utopía necesaria en estos tiempos de confusión y excesos.

LECTURAS

Este capítulo está basado no solo en las ideas de Huxley, sino también en las reflexiones de una serie de críticos de la medicina moderna, entre los que quisiera mencionar a los médicos Alejandro Jadad y Richard Smith y al economista Angus Deaton. Cuando estaba escribiendo este libro, Deaton y la también economista Anne Case publicaron *Las muertes del desespero y el futuro del capitalismo*, una denuncia necesaria sobre los excesos de la industria farmacéutica y los fracasos del sistema de salud de Estados Unidos. El capítulo está basado también en una apasionante biografía de Huxley, escrita en dos tomos, por su amiga Sybille Bedford. La encontré por casualidad, sin buscarla, en una librería de segunda mano en Nueva York. Sin ella no podría haber escrito este libro, de allí viene en buena medida mi admiración por Huxley y mi interés por su vida.

3

Huxley y las sustancias psicoactivas

Nuestra cultura tiene un miedo a la muerte, un miedo a la trascendencia, un miedo a lo desconocido, todo eso y más es puesto en cuestión por los medicamentos psicodélicos.

Jeffrey Lieberman,
expresidente de la Asociación
Americana de Psiquiatría

La vida intelectual de Aldous Huxley puede dividirse en dos etapas. La primera, que podríamos llamar la etapa europea, va de 1925 a 1937; la segunda, la etapa americana, va desde el inicio de la Segunda Guerra Mundial hasta su muerte en 1963. Durante la primera etapa escribió su distopía pesimista, lúcida, *Un mundo feliz* (*Brave New World* en inglés); durante la segunda escribió su utopía optimista, espiritual, *La isla*.

Durante la primera etapa, Huxley fue un crítico social implacable, un intelectual agnóstico y nihilista, con una visión poética y resignada de la humanidad, un hombre de letras cercano a la ciencia, pero consciente, a su vez, de los riesgos del llamado progreso tecnológico, un descreído que veía en la literatura una redención parcial para la especie humana.

Durante la segunda etapa, ya residenciado en el sur de California, lejos de los suburbios ingleses, Huxley se convirtió en un pensador distinto, más ecléctico, un experimentador en la búsqueda permanente de sentido, un predicador respetuoso, abierto a unas formas de conocimiento distintas a la educación simbólica. La mirada cínica de la primera etapa fue reemplazada por una mirada compasiva, esclarecida, podría decirse.

El primer Huxley sigue siendo leído y apreciado. Sus críticas al progreso, a las formas indirectas de dominación, al hedonismo sin alma que caracteriza muchas sociedades capitalistas, a la felicidad instantánea como objetivo avasallador, a la indiferencia y la distracción de las mayorías; todas esas críticas parecen clarividentes. No han perdido su capacidad descriptiva. Ni su urgencia ni su atractivo.

De otro lado, sus devaneos espirituales han tenido una menor aceptación. Fueron rechazados por muchos intelectuales europeos como los extravíos *hippies* de un pensador desterrado, alejado del mundo de las ideas, perdido a mitad de camino entre Hollywood y los desiertos del sur de California. Muchos lo consideraron, en esta última etapa, un predicador aburrido. Comenzaron a mirarlo con exasperación o condescendencia. Como escribió alguna vez el filósofo Isaiah Berlin: "Algún día se hará justicia a aquellas páginas". Ojalá sea pronto.

En su primera etapa, que podríamos llamar la etapa soma, el nombre de la droga de la felicidad en *Un mundo feliz*, Huxley enfatizó sobre los peligros de la dominación farmacológica, las amenazas de un nuevo totalitarismo que, por medio de una droga sintética, sometiera a toda la población a una servidumbre artificial e insidiosa. Si la insatisfacción o el descontento aparecieran, "siempre habrá soma, deliciosa soma, medio gramo para medio día de fiesta, un gramo para el fin de semana, dos gramos para un viaje al esplendido Este [...]".

"En la novela", escribió Huxley décadas después de su publicación, "el hábito del consumo de soma no era un vicio privado; era una institución política, era la verdadera esencia de la vida, la libertad y la búsqueda de la felicidad [...] pero este privilegio inalienable era al mismo tiempo el más poderoso de los instrumentos de poder en la armería del dictador". Para el primer Huxley, las drogas podían ser una poderosa herramienta de dominación, más eficaz que las cárceles y la opresión directa.

Huxley temía que los nuevos dictadores ya no iban a necesitar de una policía secreta; en su futuro imaginado, bastarían las audacias de un farmacéutico para controlar la población, prevenir la difusión de ideas subversivas y aquietar el descontento. "Como la religión, la droga tiene el poder de consolar y compensar, evoca visiones de otro mundo, un mundo mejor, ofrece esperanza, fortalece la fe y promueve la caridad", escribió. Soma, en esta visión, es la religión del pueblo, una fuente de consuelo y servilismo.

En una dictadura del futuro, sugirió Huxley, los químicos farmacéuticos tendrían, como los banqueros centrales, que intervenir de manera contracíclica, en oposición a la psicología colectiva. En momentos de crisis y desánimo deberán producir estimulantes. En momentos de arrebato y exuberancia, tranquilizantes y alucinógenos. La manipulación de la opinión pública sería, así, más fácil, no tendría que estar sometida a la incertidumbre de la propaganda o a la lentitud de los mecanismos de transmisión de la política monetaria.

Pasados los años, en retrospectiva, esta visión pesimista de las drogas, la idea de la persuasión química, no parece una amenaza inminente. Todo lo contrario. Por décadas, los gobiernos autoritarios han usado no las drogas, sino su prohibición para menoscabar las libertades civiles de los opositores y acrecentar su poder. Las drogas han sido no tanto un instrumento de dominación, como una excusa para la represión y el uso arbitrario de la violencia estatal.

En su segunda etapa, que podríamos llamar la etapa *moksha*, el nombre de la droga esclarecedora de *La isla*, Huxley enfatizó en otra dimensión de las sustancias psicoactivas, una dimensión más positiva, su capacidad liberadora y educativa. Ante un grupo de niños congregados en una ceremonia de iniciación, uno de los personajes de *La isla*, Roberto, el esposo de Lakshmi, predica las cualidades de la medicina *moksha*, la droga liberadora.

Durante un rato, gracias a la medicina *moksha*, sabrán qué es ser lo que, en realidad, siempre han sido. ¡Qué dicha intertemporal! Pero, como todo lo demás, pasará. [...] Lo único que la medicina *moksha* puede hacer es proporcionarles una sucesión de visiones beatíficas, una hora o dos, de vez en cuando, de esclarecimiento y gracia liberadora. A ustedes les toca decidir si colaborarán con la gracia y aprovecharán esas oportunidades. Para eso queda el futuro.

El cambio de visión de Aldous Huxley sobre las drogas, el tránsito intelectual de soma a *moksha* —la primera considerada un instrumento opresor, la segunda, una herramienta liberadora— tiene una explicación vivencial, biográfica, un hecho aparentemente fortuito que tuvo una importancia fundamental en su pensamiento y sus escritos: el contacto con la mezcalina y el LSD durante la última década de su vida.

UNA PUERTA EN LA PARED

En 1953, diez años antes de su muerte, por recomendación de su amigo el psiquiatra inglés Humphry Osmond, Aldous Huxley consumió mezcalina (una sustancia alucinógena extraída del peyote) por primera vez. Un año después, en 1954, publicaría un breve ensayo en forma de libro sobre su experiencia, sobre las alteraciones de la conciencia causadas por esta sustancia psicoactiva, *Las puertas de la percepción*. Con el tiempo, este libro se convertiría en una especie de testimonio imprescindible, casi un evangelio de quienes defendían el uso de las drogas (o de algunas de ellas, mejor) como un instrumento de liberación estética y cultural.

Leído ahora, después de las convulsiones de los años sesenta, los extravíos de la guerra contra las drogas y los estudios recientes sobre las propiedades médicas de la mezcalina, el LSD, la psilocibina y otras sustancias similares, sorprende que el ensayo de Huxley mantenga su claridad y su sinceridad transgresora. En contravía a los guardianes de la moralidad, Huxley señaló claramente que las drogas han hecho parte de la humanidad y han jugado con frecuencia un papel positivo en la vida individual y colectiva.

Los paraísos artificiales, los atajos farmacológicos, han acompañado nuestra especie por decenas de miles de años y lo seguirán haciendo, escribió. En su opinión, el sufrimiento y la aburrición definen la vida de la mayoría de los hombres y mujeres, por lo tanto, la necesidad de un escape transitorio es casi mayoritaria. La prohibición completa, señaló Huxley, puede ser decretada, pero jamás practicada, y produciría más mal que bien. "La necesidad de frecuentes vacaciones químicas, de un descanso de la intolerable individualidad y el repulsivo ambiente que nos rodea permanecerá por siempre", afirmó mucho antes de que los Estados Unidos anunciara una guerra frontal (y absurda) contra las drogas.

Desde una perspectiva más general, desde la perspectiva evolutiva, Huxley argumentó que el negocio de la vida, la angustia de la supervivencia diaria, anula tristemente una gran parte de la realidad abierta a los sentidos. "Para hacer la supervivencia biológica posible, la mente tiene que ser filtrada por la válvula reductora del cerebro y el sistema nervioso...". Es como si la evolución hubiera decidido, para evitar distracciones mortales, negarnos la posibilidad de apreciar, en todo su esplendor, el milagro que nos rodea, el privilegio de ser observadores del universo.

Pero la mezcalina, argumentó, nos devuelve, al menos por unas horas, el milagro de la vida, la realidad exuberante que nos rodea y que ignoramos por conveniencia o instinto. Huxley describió con elocuencia, de manera apasionada, la intensificación de las impresiones visuales, la agudización de los sentidos que producen ciertas drogas. "Así es que uno debería ver, así es como las cosas realmente son", escribió.

Su deslumbramiento, descrito en el libro ya aludido, abarcaba casi todo: unas cuantas rosas en un vaso, una silla cualquiera en el comedor, un paisaje pintado que antes consideraba mediocre, los pliegues de su pantalón que comparó, para disgusto de muchos de sus amigos intelectuales, con una pintura de Vermeer:

> En busca de alivio volví a los pliegues de mis pantalones. "Es así como deberíamos ver", repetí una vez más. Y hubiera podido añadir: "Estas son las cosas que deberíamos mirar. Cosas sin pretensiones, satisfechas de ser meramente ellas mismas, contentas de su identidad, no dedicadas a representar un papel (…)". Lo que más se acercaría a esto sería un Vermeer, declaré.

Huxley describe una contemplación pura, despreocupada, ajena al paso del tiempo, desentendida de la racionalidad: "La comprensión de todo, sin el conocimiento de nada". En el mismo sentido, argumenta que la especie humana no puede dejar de lado el pensamiento sistemático, la educación verbal, la manipulación de símbolos, de números y letras, todo esto nos define como especie. Sin embargo, si aspiramos a mantener cierta sanidad, no podemos descartar la percepción directa, las formas menos racionales de aprehender nuestra realidad.

En opinión de Huxley, la mezcalina y el LSD proporcionan un atajo a una forma de percepción esclarecida antes circunscrita solo a unos cuantos artistas o pensadores místicos. Es como si la humanidad pudiera acceder, por cuenta de una manipulación de la química del cerebro, a una sabiduría reservada en el pasado a unos pocos genios o maestros. Antes solo unos cuantos podían cruzar la puerta en la pared, ahora, escribió Huxley, todos podemos en principio tener acceso a la llave y experimentar lo que Van Gogh o William Blake habían experimentado.

Y no solo eso, como resultado de esta especie de democratización farmacológica, la humanidad podría mejorar, transformarse para bien. Los beneficios son dobles, escribió

Huxley, un mejor entendimiento de nosotros mismos y del mundo, y una vida menos centrada en nuestros deseos y más creativa. El hombre que cruza la puerta en la pared, señaló al final de su libro, será más feliz, pero menos complaciente; más humilde a la hora de aceptar su ignorancia, pero mejor preparado para entender las conexiones del mundo, el misterio esencial que el pensamiento sistemático intenta inútilmente comprender.

Después de la publicación del libro, Huxley fue atacado por todos los frentes. Los intelectuales rechazaron su teoría del atajo, de una sabiduría encapsulada. Los religiosos vieron en sus prédicas una especie de espiritualismo nuevo que desintermediaba a las iglesias. Los moralistas consideraron sus ideas contrarias al orden social, reveladoras en el más peligroso de los sentidos: insinuaban una realidad distinta, la posibilidad de una sociedad más solidaria. Con el tiempo, sin embargo, el odio se convirtió en indiferencia. Huxley fue olvidado, casi relegado a un rincón del conocimiento, al lugar en el que se depositan ciertas curiosidades, las ideas desuetas y los entusiasmos pasajeros que ya no vienen al caso.

Sin embargo, bien vale la pena volver sobre la idea subversiva de Huxley, a saber: algunas sustancias psicoactivas pueden ofrecer, de manera transitoria, una experiencia esclarecedora, una visión distinta que nos conecta con las cosas y con el mundo, y diluye, convenientemente, algunas jerarquías. En fin, las drogas no ya como formas de enajenación o esclavitud, sino como una forma de liberación (siempre parcial y transitoria). Después de años de indiferencia, de pasividad en la investigación, la ciencia médica, esto es, el pensamiento sistemático, parece estar dándole la razón a Huxley.

HUXLEY Y LOS PSICODÉLICOS

A finales de 1955, dos años después de su primera experiencia con la mezcalina, Aldous Huxley tuvo su primer contacto con el LSD-25, el ácido lisérgico, una droga sintética que había sido descubierta por casualidad (la historia de la farmacia está llena de accidentes) en 1943 por el químico suizo Albert Hofmann. Después del consumo, Huxley no volvería a ser el mismo. Después de Huxley, muchos jóvenes de su tiempo, tampoco.

Esa primera vez Huxley consumió 75 microgramos de LSD, en su casa, acompañado de su segunda esposa Laura, con el cuarto Concierto de Brandeburgo de Johann Sebastian Bach como música de fondo. Después la describiría, en su novela *La isla*, como una experiencia mística, una sensación de luminosa dicha y conexión con todas las cosas:

> El *allegro* se revelaba como un elemento del gran Acontecimiento presente, una manifestación apenas alejada de la luminosa dicha. O quizás eso era decirlo con muy poca energía: el *allegro* era la luminosa dicha; era la comprensión desconocedora de todo lo percibido gracias una porción de conocimiento esencial, era conciencia indiferenciada en notas y frases. Estaba al mismo tiempo aquí y allá y en ninguna parte.

En una carta dirigida a su nuera Ellen Huxley, escrita un año más tarde, en 1956, Huxley mencionó otro efecto del consumo de LSD, la urgencia de la gratitud y la compasión: "[…] un deseo de dar las gracias al Orden de las Cosas por el privilegio de esta experiencia particular y también por el privilegio de vivir en un cuerpo humano en este planeta. Y entonces un sentimiento intenso de compasión por aquellos que, por cualquier razón, no pueden acercarse a la realidad revelada por esta droga".

La palabra "psicodélicos" no existía entonces. Fue acuñada ese mismo año, 1956, después de un intercambio epistolar entre Aldous Huxley (el escritor deslumbrado) y Humphry Osmond (el psiquiatra que lo había iniciado en el cuento). En las cartas cruzadas, Huxley propuso inicialmente una palabra impronunciable "phanerothyme" que combinaba las raíces griegas para "espíritu" y "manifestación". Osmond propuso un neologismo más simple "psychodelic" que quería decir, también en griego clásico, "manifestación mental". Osmond fue uno de los primeros psiquiatras en ofrecer una terapia psicodélica, la misma que, 65 años después, parece estar de regreso, ahora avalada por nuevas investigaciones científicas.

Entre 1955 y 1965, los años del deslumbramiento podríamos llamarlos, la ciencia avanzó sustancialmente en el estudio de los psicodélicos, en escrudiñar sistemáticamente sus propiedades para el tratamiento de las adicciones al alcohol y al tabaco, mejorar el entendimiento de la esquizofrenia, tratar la ansiedad en pacientes terminales y aumentar la creatividad de todo el mundo. Miles de artículos fueron publicados con resultados (al menos) esperanzadores. El LSD era entonces la sustancia psicoactiva más importante del mundo.

En 1966 había más de sesenta proyectos de investigación en los Estados Unidos sobre los efectos de los psicodélicos. Algunos incluían experimentos con animales. Uno de ellos mostró, eso al menos argumentaron los investigadores a cargo —probablemente consumidores también—, que las arañas expuestas al LSD tejían unas redes distintas. Los estudios mostraban que bajo el efecto de esta sustancia las personas experimentaban lo que esperaban experimentar con algunos devaneos impredecibles. En general, la experiencia parecía ser autorreferencial. Como muchos habían leído lo que Huxley había escrito, volvían a experimentar lo mismo, re-creaban personalmente las experiencias descritas en *Las puertas de la percepción*. En este sentido Huxley también reinventó los psicodélicos.

Toda esta historia llegó abruptamente a su fin en 1966. Ese año, la agencia sanitaria de los Estados Unidos (la FDA por sus iniciales en inglés) envió a todos los grupos de

Portada del disco de los Beatles *Sgt. Pepper's Lonely Hearts Club Band* en la que aparece Huxley (en el círculo): un intelectual silencioso que se convirtió en ícono cultural en los años sesenta por cuenta de sus libros sobre los efectos de los psicodélicos.

investigación una nota escueta y perentoria que ordenaba la terminación inmediata de las investigaciones con psicodélicos. La prohibición fue el resultado, entre otras cosas, de los excesos de un profesor de psicología de la Universidad de Harvard, Timothy Leary. Sus experimentos con estudiantes (incluso de pregrado), su promoción abierta de los psicodélicos y sus declaraciones altisonantes generaron una especie de pánico moral que fue aprovechado (previsiblemente) por los políticos. En 1971, Nixon declaró la guerra contra las drogas, lo cual generó, en pocos meses, "una vasta paranoia colectiva".

Huxley nunca estuvo de acuerdo con el exhibicionismo de Leary y con el consumo de LSD sin restricciones. Su talante era otro, más reservado, más reflexivo. Miraba a Leary con una especie de condescendencia afectuosa. Alguna vez, medio en broma, medio en serio, escribió que "si tan solo Leary pudiera colarse a una reunión de gabinete y darle un hongo mágico a Míster Kissinger el resultado sería la paz mundial por medio de la lúcida y plena liberación de ambos partidos (Demócrata y Republicano) de la prisión de sus respectivas culturas e ideologías".

Después de la prohibición vinieron más de tres décadas de destierro intelectual, de ausencia de investigación. Los psicodélicos pasaron a ser considerados una especie de sustancia peligrosa, deletérea individual y colectivamente. El periodista Michael Pollan ha señalado, sin embargo, que los psicodélicos tuvieron un impacto determinante en la cultura popular, en las artes plásticas y en el desarrollo de la tecnología. Steve Jobs y muchos de los fundadores de Silicon Valley, la mayoría profesores de las universidades de Berkeley y Stanford, habían seguido los pasos de Huxley, esto es, la experimentación espiritual con LSD. Huxley cambió el mundo a su manera, por medio del poder de las palabras (que él mismo temía).

Hace casi dos décadas, primero calladamente, después de manera pública, comenzó un renacimiento de la investigación médica con psicodélicos. Como consecuencia, Huxley ha comenzado a ser percibido de manera diferente, como un pionero, como una especie de figura clásica que precedió las tres décadas siguientes de oscurantismo (la edad media de los psicodélicos). Para algunos científicos, los psicodélicos representan, nada más y nada menos, que el futuro de la psiquiatría, una disciplina que parece haber entrado en los últimos años en una parálisis creativa.

La universidad de investigación más antigua de los Estados Unidos, la Universidad Johns Hopkins, inauguró en 2018 un nuevo centro de estudios sobre las sustancias psicodélicas y la conciencia (el abuelo de Aldous, Thomas H. Huxley había sido, la vida se conecta de muchas formas, el orador principal en la ceremonia en la que se anunció la fundación de la universidad, en septiembre de 1876). Las primeras indagaciones, todas basadas en los estándares científicos más estrictos, han mostrado resultados promisorios (espectaculares en algunos casos) en tres áreas: el manejo de la ansiedad en pacientes terminales de cáncer, el control de la adicción al tabaco y el bienestar asociado a un sentido de conexión con todas las cosas (lo que podría llamarse una experiencia mística).

Una serie de nuevas áreas de investigación, que incluyen, entre otras, el tratamiento de la depresión, la adicción a los opioides, la anorexia y el estrés postraumático, está en marcha. Estos primeros estudios han sido financiados filantrópicamente: los presupuestos públicos son conservadores, tardan tiempo en actualizarse y sincronizarse con la ciencia. Roland Griffiths, el director del nuevo centro de investigación, exhibe en todas sus declaraciones públicas un entusiasmo que podríamos llamar *huxleyano*. Ha señalado reiteradamente que, una vez los mecanismos biológicos hayan sido entendidos plenamente, los psicodélicos serán fundamentales para una mejor comprensión ética y moral de nuestro entorno y, por esta vía, para nuestra supervivencia como especie. Más de sesenta años después, la ciencia está en camino de redescubrir lo escrito por Aldous Huxley en *La isla*: la medicina *moksha* nos salva, pues nos enseña a vivir con atención y compasión.

APÉNDICE: LOS HECHOS DE LA GUERRA CONTRA LAS DROGAS

Huxley murió hace ya casi sesenta años. La guerra contra las drogas lleva cincuenta y parece no tener fin. No solo ha causado mucho sufrimiento innecesario, ha privado también a la humanidad de un conocimiento imprescindible. Como un ejemplo (*huxleyano* digamos) de los límites de la ciencia y el pensamiento sistemático en un mundo dominado por la mentira, conviene insistir en los inquietantes hechos de la guerra contra las drogas.

Los estudios más serios y exhaustivos sobre el daño individual y social de las sustancias psicoactivas muestran que el alcohol y el tabaco son más dañinos que la marihuana, el éxtasis, el LSD y los hongos alucinógenos. Entre las dimensiones del daño individual se cuentan la mortalidad directa e indirecta, la dependencia y la discapacidad mental asociadas al consumo. Entre las dimensiones del daño social sobresalen el crimen, los costos económicos de la atención en salud y el deterioro de la cohesión comunitaria. En Estados Unidos, por ejemplo, el tabaco mata más de cuatrocientas mil personas al año, el alcohol, cien mil y el LSD a nadie.

Las dos grandes crisis recientes de salud pública asociadas al consumo de sustancias, una en Rusia y otra en Estados Unidos, fueron generadas por sustancias legales. En Rusia, por el alcohol; en Estados Unidos, por los analgésicos opioides. Ambas crisis ocasionaron una disminución notable en la esperanza de vida en estos dos países, los mismos que paradójicamente han liderado la guerra global contra las drogas.

La clasificación internacional de sustancias psicotrópicas, adoptada por el convenio internacional sobre la materia firmado en Viena en 1971, no guarda ninguna relación con el daño previsto o la evidencia científica correspondiente. La Lista I, que en teoría incluye las sustancias más peligrosas, contiene en general drogas de baja toxicidad y baja adicción (como el LSD). En palabras de Antonio Escohotado, las listas III y IV, las de menor peligrosidad en teoría, "incluyen drogas que tienen en común crear tolerancia e inducir una dependencia física intensa, con aparatosos síndromes abstinenciales, cuando menos tan graves como la morfina y en algunos casos –como el de los barbitúricos– bastante peores". No existe ninguna evidencia científica que justifique, por ejemplo, que el LSD haga parte todavía de la lista I.

El consumo abusivo varía según el tipo de sustancia, va desde diez por ciento para los consumidores de marihuana a treinta por ciento para los consumidores de crack y heroína. En el caso de la marihuana y el LSD el consumo problemático es minoritario. En palabras de Mark A. R. Kleiman: "Solo una minoría, dentro de la minoría que desarrolla un mal hábito, desarrolla, a su vez, el tipo de mal hábito persistente que puede ser descrito por la palabra adicción o por la palabra abuso, esto es, un desorden crónico con repetidas recaídas".

El acervo de conocimiento sobre las propiedades médicas de la marihuana ha crecido rápidamente. Existe evidencia creíble, por ejemplo, sobre los efectos benéficos del cannabis en el tratamiento de la agitación en pacientes con demencia, las náuseas en pacientes oncológicos o la epilepsia en pacientes refractarios a los tratamientos tradicionales. La marihuana parece, además, mucho más segura que los opioides para el manejo del dolor crónico. De la misma manera, las propiedades médicas del LSD y la psilocibina han despertado un renovado interés en la comunidad científica. Estudios recientes sugieren que tiene propiedades benéficas en el tratamiento de la ansiedad y las adicciones. Científicos de todo el mundo han pedido la reclasificación del cannabis y la psilocibina.

Pero nada ha cambiado. La prohibición no funciona como estrategia o política preventiva. Todo lo contrario. La llamada "regla de acero de la prohibición" resume de manera precisa un efecto adverso que ha sido ampliamente documentado y que ha acompañado los muchos embates prohibicionistas: a mayor intervención, mayor ilegalidad y más dañinas las sustancias que se distribuyen o comercializan ilegalmente; la prohibición del cannabis dio paso a los cannabinoides sintéticos; la de la coca, a la cocaína y el bazuco; la del opio, a la heroína, y así en un largo etcétera.

La prohibición ha contribuido grandemente a la violación de los derechos humanos de personas vulnerables, campesinos sin tierra, minorías raciales, por mencionar algunas víctimas. Estados Unidos representa un caso paradigmático. Hace varias décadas, muchas ciudades de ese país experimentaron un proceso acelerado de segregación racial. Los blancos se mudaron a los suburbios, llevándose los mejores empleos y las oportunidades. En los centros de las ciudades quedaron los negros, atrapados física y socialmente. Las familias se fracturaron, el crimen se disparó y el tráfico de drogas se convirtió en la principal actividad económica de muchas áreas deprimidas. La sociedad optó entonces por lo fácil: encarcelar a quienes habían encontrado en el tráfico de drogas una única salida. Estados Unidos se convirtió en una nación de carceleros. Los presos suman actualmente más de dos millones de personas. Por cada blanco en la cárcel, hay ocho negros.

La prevención es difícil. Incluso los mejores programas preventivos, aquellos centrados simultáneamente en todas las sustancias, legales e ilegales, tienen efectos modestos sobre el consumo. Muchos programas no funcionan en absoluto. Otros no son más que una forma de activismo ineficaz. Un mundo libre de drogas es una utopía.

Los programas de reducción del daño, el intercambio de jeringas y los tratamientos de sustitución de heroína con metadona, por ejemplo, logran prevenir los efectos más negativos del consumo problemático de sustancias. Estos programas constituyen una política recomendable para disminuir la transmisión del VIH y minimizar las consecuencias de salud pública.

Las políticas regulatorias que combinan, por ejemplo, impuestos, restricciones a la publicidad y advertencias sanitarias han mostrado ser eficaces para disminuir el consumo de sustancias legales como el tabaco. La regulación en general funciona mejor que la prohibición. En Colombia, el consumo de cigarrillos ha disminuido sustancialmente en los últimos años. Este hecho sugiere que una regulación adecuada puede hacer compatibles los objetivos de salud pública y las libertades civiles. Ayuda a los primeros sin coartar las segundas.

Los programas de control de la oferta, como el Plan Colombia por ejemplo, no han tenido un efecto discernible en la disponibilidad de drogas en el país o los países de destino. Caben por supuesto algunas distinciones. Como lo afirman Kleiman, Caulkins y Hawken, en *Drogas y políticas sobre drogas: lo que todo el mundo necesita saber*: "La interdicción ha tenido un mayor éxito que la erradicación, la cual ha tenido, a su vez, un mayor éxito que el desarrollo alternativo [...]. Sin embargo, el mensaje es claro: no hay soluciones mágicas en los países de origen para resolver el problema de las drogas en los países de destino". Cientos de miles de muertos después, Colombia sigue exportando ochenta por ciento de la cocaína que consume Estados Unidos.

Los mercados ilegales alimentan la violencia, congestionan la justicia y desbordan las capacidades de los Estados. La evidencia al respecto es portentosa, pero casi redundante para un observador colombiano. La guerra contra las drogas no funciona. La evidencia sugiere muchas formas de hacer mejor las cosas, de no hacer daño al menos, muestra también que, en este asunto, los hechos científicos no han sido tenidos en cuenta por quienes formulan las políticas y toman las decisiones.

LECTURAS

Este capítulo está basado en *Las puertas de la percepción*, el famoso ensayo de Aldous Huxley sobre los efectos de la mezcalina, y en las dos biografías del autor, la de Sybille Bedford publicada en los años setenta y la de Nicholas Murray publicada en 2002. El capítulo también alude a un ensayo retrospectivo escrito por Aldous Huxley en 1958, *Brave New World Revisited*, y a una conferencia que dictó el mismo Huxley tres años más tarde en el MIT. Sobre la guerra contra las drogas, el capítulo recoge mi experiencia de veinte años como investigador en el tema, así como las ideas contenidas en dos excelentes libros de divulgación: *Historia general de las drogas* de Antonio Escohotado y *Drogas y políticas sobre drogas: lo que todo el mundo necesita saber* de Mark A. R. Kleiman, Jonathan P. Caulkins y Angela Hawken. Finalmente, sobre la historia de los psicodélicos y su renacer, el capítulo trae a cuento el libro reciente de Michael Pollan, *Cómo cambiar tu mente*, un título que recuerda ese imperativo *huxleyano*, la búsqueda de sentido y la necesidad de cambiar la mente.

4

Aldous Huxley
y la crisis ambiental

Stay together learn the flowers go light.

Gary Snyder

No estamos ni encima ni debajo de las otras criaturas. Cuanto hay bajo el cielo, dijo un sabio, sufre igual y corre pareja fortuna.

Michel de Montaigne

En cualquier otra parte, para los animales, es evidente que Satán es el *Homo Sapiens.*

Aldous Huxley, La isla

En 1895, cuando Aldous Huxley tenía apenas unos pocos meses de vida, murió Thomas H. Huxley, su abuelo y uno de los grandes divulgadores científicos del siglo XIX, quien popularizó las ideas de Darwin y las llevó, en innumerables conferencias magistrales, a los salones de las empresas y las plazas públicas. T. H. Huxley combatió la ortodoxia eclesiástica con una elocuencia desenfadada y un conocimiento minucioso del mundo natural y la teoría de la evolución.

Fue el primero en afirmar que las ideas de Darwin implicaban que la especie humana, acostumbrada a la autoglorificación, era una especie más, producto de las hechuras del azar y el tiempo. En su visión del mundo natural, los seres humanos no podíamos reclamar ningún privilegio o estatus especial: éramos un primate más entre muchos otros que desarrolló, como resultado de un conjunto de coincidencias, la capacidad para manipular símbolos complejos. Cualquier intento por afirmar lo contrario, decía, era una mentira edificante, una suerte de metafísica interesada.

En 1863, Thomas H. Huxley publicó su primer libro sobre los orígenes del ser humano, *Evidencia sobre el lugar del hombre en la naturaleza*. Casi cien años después de esa publicación, Aldous Huxley volvió sobre lo mismo, retomó la discusión sobre nuestro lugar en la naturaleza, las implicaciones ontológicas de las ideas de Darwin y la necesidad de celebrar la intricada red de relaciones de la que hacemos parte. En medio de la crisis climática, la visión de Aldous Huxley, que mezcla la ciencia y cierto misticismo, resulta casi un asunto de supervivencia. Aldous Huxley es un pensador para estos tiempos inquietantes.

En su novela *La isla*, publicada en 1962, un año antes de su muerte, Huxley resume de manera concisa su pensamiento ecológico que ya había expuesto durante los años precedentes en cientos de ensayos, entrevistas y conferencias. La ecología, en la isla utópica de Pala, comienza desde temprano, en la escuela primaria, en la enseñanza básica:

> Por eso empezamos por ahí [por la ecología]. Nunca le damos a un niño la probabilidad de imaginar que alguna cosa existe aislada. Le declaramos desde el principio que todo lo viviente es relación. Les mostramos la relación en los bosques, en los campos, en los arroyos, en la aldea y en el campo que la rodea. La inculcamos.

Con el paso del tiempo, poco a poco, sugirió Huxley, los niños irán entendiendo la idea de la conservación, irán adquiriendo un conocimiento de la naturaleza y desarrollando una idea moral distinta, casi una nueva religión, una idea de la compasión que no solo incluya al ser humano, sino a todas las especies, incluso a todas las cosas.

> En la naturaleza no existen Pueblos Elegidos ni Tierras Santas ni Revelaciones Históricas. La moral de la conservación no concede a nadie una excusa para sentirse superior ni para reclamar privilegios especiales. "No hagas a tu prójimo lo que no quieres que te hagan" rige para la forma de tratar todo tipo de vida en todas partes del mundo. Se nos permitirá vivir en este planeta solo mientras tratemos a toda la naturaleza con compasión e inteligencia.

Thomas H. Huxley murió a los pocos meses de haber nacido su nieto Aldous.

ECOLOGÍA Y RELIGIÓN

Huxley pensaba que nuestra relación con la naturaleza, con un mundo que no controlamos y no negocia, tiene necesariamente una dimensión religiosa. En varios de sus escritos hizo eco a las opiniones del historiador Lynn White, quien escribió en los años sesenta del siglo pasado sobre las raíces históricas y religiosas de la crisis ecológica. Huxley y White argumentaron, casi al unísono, que el cristianismo y sus herejías (entre ellas el islamismo y el marxismo) habían redefinido la posición del hombre en la naturaleza, habían creado una jerarquía explícita: el ser humano por encima de todas las criaturas, la naturaleza a merced de sus necesidades y caprichos.

En su opinión, el judeocristianismo era la más antropocéntrica de las religiones. En el Antiguo Testamento, Dios creó el mundo para beneficio del ser humano. El propósito de la creación fue casi utilitario, la naturaleza fue puesta al servicio de una especie creada a imagen y semejanza del mismo Dios. "El cristianismo enseña", escribió Huxley, "que las vidas subhumanas pueden ser tratadas como si fueran cosas".

En las religiones animistas, un espíritu residía en todas las cosas, un espíritu que tenía que ser aplacado, por ejemplo, antes de cortar un árbol, cavar un pozo o bloquear una quebrada. El cristianismo desechó estas creencias paganas e hizo posible, entonces, explotar la naturaleza sin remordimientos ni temores. El cristianismo, pensaba Huxley, acabó con las inhibiciones antiguas, con la sacralización de la naturaleza, con la filosofía perenne que predica (con reverencia) nuestra conexión con todas las cosas del mundo.

Otras religiones planteaban una relación distinta con el entorno. En *La isla*, casi como una alegoría, Huxley describe la relación entre el Buddha y la serpiente: "La divina cobra enroscó sus divinos anillos entorno al cuerpo del hombre más que divino [...] y lo protegió del viento y la lluvia". En el budismo, señaló, las serpientes son hermanas, tienen derecho

74

a compasión, son buenas. La sabiduría nunca crea enemistad entre la naturaleza y los seres humanos. "La sabiduría no hace esas tontas separaciones".

Si queremos resolver la crisis ecológica, argumentó Huxley, tenemos que recobrar parte de esa sabiduría antigua. "Si no lo hacemos (si imaginamos presuntuosamente que podemos conquistar la naturaleza y continuamos viviendo en nuestro planeta como una colmena de parásitos destructivos) nos condenamos y condenamos a nuestros hijos a la miseria, a una vida cada vez más escuálida y a la desesperación que encuentra su frenesí en la violencia destructiva".

Algunos científicos contemporáneos plantean que la solución a la crisis climática está en la ciencia y la tecnología, en una gran obra de geoingeniería, por ejemplo, en una salida técnica que nos ahorre el debate ético y la reflexión metafísica. Las cosas son más complejas, decía Huxley. La crisis ecológica, en su opinión, comienza con nuestras ideas (despóticas) sobre la relación entre el hombre y la naturaleza, ideas que tienen unas raíces profundas en la historia. Si esas ideas no cambian, insinuó, será muy difícil resolver la crisis. Las tecnologías salvadoras pueden ser una ilusión perjudicial.

Huxley no era un futurólogo. Sus novelas utópicas no son intentos de adivinación. Son más bien reflexiones sobre su tiempo, caricaturas de las aberraciones de la modernidad y las torpes respuestas del ser humano. Sin embargo, Huxley pudo algunas veces ver más allá de su tiempo. Previó algunos de los debates ecológicos más importantes de la actualidad. Anticipó, por ejemplo, el mensaje principal de la encíclica *Laudato si'* (*el cuidado de nuestra casa común*) en la cual la iglesia católica renuncia a su antropocentrismo histórico y revive la doctrina ecocéntrica de San Francisco de Asís. "Los paisajes naturales son los más auténticos cuadros religiosos", escribió Huxley. El papa Francisco parecería estar de acuerdo.

Fig. 73. Head of Semnopithecus comatus

Fig. 74. Head of Cebus capucinus.

Fig. 75. Head of Ateles marginatus.

Fig. 76. Head of Cebus vellerosus.

Rostros de los monos capuchinos tal como aparecen en *El origen del hombre*, de Charles Darwin, publicado en 1871: "El hombre todavía muestra en su contextura física la marca indeleble de su modesto origen".

HUXLEY Y EL DARWINISMO

El origen de las especies, de Charles Darwin, uno de los libros
más importantes de todos los tiempos, que redefinió para
siempre la relación del hombre con los otros seres vivientes,
fue publicado en 1859. Algunos años más tarde, en 1871, en
El origen del hombre, Charles Darwin mostró con muchos ejemplos y una lógica minuciosa que la especie humana, con todas
sus grandes aspiraciones y proyectos, es también el resultado
de la selección natural. Somos todos parte de la misma historia, creaciones del mismo algoritmo. En palabras de Darwin:

> Tenemos que reconocer, me parece, que el hombre con todas
> sus nobles virtudes, con la simpatía que siente por los más dé-
> biles, con la benevolencia que extiende no solo a otros hom-
> bres, pero también a las más humildes de las criaturas, con su
> intelecto similar al de los dioses con el que ha escudriñado
> los movimientos y la constitución del sistema solar (con todos
> esos poderes exaltados), el hombre todavía muestra en su
> contextura física la marca indeleble de su modesto origen.

Aldous Huxley no vio en el darwinismo una justificación del
imperialismo, el libre mercado o el progreso sin límites. En
su opinión, el darwinismo nos invita a rechazar la falsa alie-
nación entre el ser humano y la naturaleza promulgada en la
teología judeocristiana y el pensamiento cartesiano. El darwinismo pone de presente nuestra conexión con el mundo natural, la misma que habían predicado las religiones y los modos
de pensamiento ancestrales.

En *La filosofía perenne*, su manifiesto espiritual, Huxley
señaló, a partir de numerosos ejemplos, que muchas religiones y filosofías tienen un tema común, un hilo conductor, una
especie de idea esencial que comienza con ubicar al ser humano en el contexto amplio de las cosas, e indica luego que
estamos íntimamente interconectados con todos los procesos
naturales que nos rodean, esto es, que Dios está en todas

partes. Hay en ellas, en las religiones ancestrales, casi una reverencia a la red natural que nos sostiene. El ecocentrismo, sugirió Huxley, ha sido la perspectiva religiosa y filosófica dominante a través de los tiempos.

Las ideas de Darwin, argumentó Huxley, nos devuelven al mundo de las religiones ancestrales, eliminan las jerarquías espurias entre el ser humano y los seres vivientes, nos ponen en un mismo plano con los animales: todos somos iguales, resultado de la selección natural y las derivas azarosas de la historia de las especies. Para Huxley, el darwinismo refuerza esta forma de esclarecimiento, pues está basado en la ciencia, en el pensamiento sistemático, no solo en la intuición y la autoridad de la tradición. En su opinión, el darwinismo era no solo una teoría, sino una especie de revelación cósmica, una idea que nos conectaba con el universo.

En *La isla*, Huxley vuelve sobre la conexión entre Darwin y los cultos ancestrales:

> Darwin tomó el antiguo totemismo y lo elevó al plano de la biología. Reaparecieron los cultos de fertilidad en forma de genética […]. El darwinismo es la antigua sabiduría neolítica convertida en conceptos científicos. La nueva sabiduría consciente, el tipo de sabiduría proféticamente entrevista en el zen, el taoísmo y el tantra, es la teoría biológica realizada en la práctica viva, es el darwinismo elevado al plano de la compasión […].

El darwinismo, escribió alguna vez Julian Huxley, el hermano mayor de Aldous, permitió no solo entender los orígenes del hombre, sino también vislumbrar el destino de la especie. Por su parte, Aldous sugirió que el darwinismo es una teoría integradora: nos conecta con las religiones ancestrales, revela nuestra afinidad esencial con la naturaleza y nos enseña, al mismo tiempo, que el arte y la ciencia, esto es, el pensamiento sistemático y la reflexión emotiva, son uno solo.

El último párrafo de *El origen de las especies* puede leerse como un poema, como una celebración de la conexión entre los seres vivientes, lo que Aldous Huxley llamó la filosofía perenne y que ahora, en medio de la crisis climática, parece más necesaria que siempre:

EL BANCO ENMARAÑADO

Contempla un banco enmarañado
Revestido con muchos tipos de plantas
Insectos y pájaros revoloteando
Gusanos arrastrándose por la humedad

Piensa que estas elaboradas formas
Han sido producidas por un conjunto simple
De normas que actúan sin descanso
Variación en la transmisión
Y selección natural.

De la guerra de la naturaleza
Del hambre y la muerte
Surgen las especies más fantásticas
Que han exhalado el aire alguna vez

Hay grandeza en esta visión de la vida
Desde un comienzo tan simple
Como alguna vez se revelará
Formas infinitas cada más bellas
Evolucionan continuamente.

HUXLEY Y EL NEOMALTHUSIANISMO

En sus últimos escritos, durante la década final de su vida, Aldous Huxley tuvo una obsesión, una especie de fijación con el crecimiento demográfico. Veía en el aumento de la población no solo un agotamiento de los recursos naturales, un futuro de hambre y miseria, sino también una supresión de las libertades y exacerbación de la violencia y de la guerra. En sus ensayos, pasaba de Malthus a Hobbes casi inmediatamente. En *La isla*, Huxley expresó su neomalthusianismo casi como una admonición:

> No hay esperanzas, ni la menor posibilidad de solucionar el problema económico hasta que esto [el aumento de la población] haya sido dominado. A medida que crece la población, desciende la prosperidad. Y a medida que desciende la prosperidad comienzan a crecer el descontento y la rebelión, el salvajismo político y el régimen unipartidista, el nacionalismo y la belicosidad. Otros diez o quince años de procreación desenfrenada, y todo el mundo, desde China hasta Perú, pasando por el África y el Medio Oriente, estará atestado de grandes líderes, todos dedicados a la represión de la libertad.

En su ensayo *La doble crisis*, publicado en los años siguientes a la Segunda Guerra Mundial, sus peroratas neomalthusianas alcanzan un tono exaltado: "América Central va en camino de hacerse un desierto", "En la mayoría de los lugares de la Tierra, la relación entre la población y los recursos es ya desfavorable", "El hombre es su propio marciano, en guerra consigo mismo. La reproducción excesiva y la agricultura extractiva son sus armas", "El exceso de población y la erosión constituyen una invasión marciana al planeta".

En este asunto, las profecías de Huxley resultan falsas, erróneas completamente. El malthusianismo ha venido prediciendo el agotamiento de los recursos por casi doscientos años. Siempre ha subestimado la recursividad de la especie. Huxley escribió en medio de la explosión demográfica, de una gran obsesión global con un problema entonces creciente. El biólogo Garrett Hardin argumentaría, años más tarde, a finales de los años sesenta del siglo anterior, que la humanidad estaba amenazada por la sobreexplotación de los recursos comunes como consecuencia de la sobrepoblación. Su artículo *La tragedia de los comunes*, publicado en 1968, resume el espíritu de los tiempos, la gran preocupación sobre la explosión demográfica.

Hardin pensaba que las restricciones demográficas deberían ser draconianas, impuestas por el Estado de arriba hacia abajo. Estas medidas anticipaban, casi irónicamente, el totalitarismo que Huxley veía como una consecuencia del aumento de la población. Algunos grupos ambientalistas cayeron en lo mismo, en un neomalthusianismo casi misantrópico. El filósofo noruego Arne Naess afirmó que con el fin de preservar la diversidad cultural y ecológica el número de humanos no debía superar los mil millones. Nunca hizo explícito, por supuesto, de qué manera se podía poner en práctica la reducción.

Estas predicciones no se cumplieron. Ni Huxley ni Hardin previeron los aumentos de la productividad agrícola, el incremento en la educación de la mujer, la masificación de los métodos anticonceptivos y el mayor crecimiento económico que llevaron a un incremento en los niveles de vida y a una disminución en la tasa de crecimiento de la población. Seguramente Huxley se habría sorprendido de la capacidad del mundo actual de alimentar a más de siete mil millones de personas.

La crisis climática no obedece meramente a la sobrepoblación. Tampoco es una crisis de recursos. La crisis tiene que ver con dos hechos casi contradictorios. El primero es el "gran escape" de la humanidad (para usar las palabras del economista Angus Deaton), el gran escape del hambre, la ignorancia, la enfermedad y la pobreza. El progreso material durante los últimos sesenta años, desde la muerte de Aldous Huxley a la epidemia del coronavirus, ha sido sustancial, casi milagroso. En contra de los pronósticos más pesimistas, la humanidad ha logrado superar la trampa malthusiana del hambre y la pobreza.

El gran escape ha coincidido con un segundo hecho, la gran aceleración. La relación causal no es inmediata, pero la conexión es innegable. El aumento de la emisión de gases efecto invernadero, la mayor acidificación de los océanos, la deforestación y la pérdida de biodiversidad, entre otras tendencias, coinciden con el aumento del progreso material. Ha sido el crecimiento del consumo, no de la población, el principal causante de la crisis ambiental que amenaza poner fin a la aventura humana.

En otras dimensiones, Huxley tuvo mayor suerte en sus opiniones y ejercicios anticipatorios. En 1939, recomendó la adopción de paneles solares en las viviendas, una idea que tuvo que esperar ochenta años. En 1946, mencionó el potencial, por entonces inexplotado, de la energía eólica. Creía que el petróleo era una amenaza, no tanto por el cambio climático (que en sus tiempos era tan solo una especulación teórica), sino por sus implicaciones geopolíticas. "De cualquier manera, nada de lo que hubiese podido hacer habría modificado el verdadero problema. Nuestro enemigo es el petróleo en general", dice un personaje de *La isla*. La novela termina con una invasión a la isla de Pala, el lugar utópico ideado por Huxley; una invasión en nombre del progreso, los valores, el petróleo y la verdadera espiritualidad.

LAS CIGARRAS

A comienzo de los años treinta, antes de la publicación de *Un mundo feliz*, su crítica a la sociedad del consumo, Huxley escribió un breve libro, *Las cigarras y otros poemas*, que volvía sobre un tema que había obsesionado a su abuelo, la posición del hombre en el universo. En el poema *Las cigarras*, el ruido de los insectos se convierte, en la mente del poeta, en una afirmación de la vida.

Una y otra vez, ¡cuán insensato entusiasmo!
¡qué furiosa persistencia, hora tras hora!
Henchidas de un demonio que les niega el descanso
¡Ebrias de una fuente de placer y poder!

La vida es su locura, la vida que durante toda la noche
Les manda a cantar y cantar, ellas no saben por qué;
Causa loca y carga sin sentido de su canción;
Pues la vida ordena, Vida es todo lo que gritan.

Huxley veía en las cigarras, en sus gritos incesantes, una sabiduría, una forma de esperanza. "Todavía soy lo suficientemente optimista", escribió, "para creer que esa otra parte no humana que está en la raíz de nuestra especie triunfará sobre la parte humana que inventa las ideologías y planea los suicidios colectivos". Su esperanza, en últimas, residía en que entendiéramos, más temprano que tarde, que somos parte de una red de seres vivientes que tienen una sola gran cosa que decir, "vida".

LECTURAS

Este capítulo está basado en las reflexiones e ideas de Aldous Huxley contenidas no solo en su utopía positiva *La isla*, sino también en sus ensayos ambientalistas, en particular en un ensayo publicado a finales de los años cuarenta, *La doble crisis* (la demográfica y la ambiental). Mientras lo escribía volví a leer a Darwin. Leí no solo pasajes sueltos de *El origen de las especies*, sino también de su segunda obra maestra *El origen del hombre*. Reparé esta vez en algo que no había notado la primera vez, la belleza de las ilustraciones. Huxley inspiró, ya hace casi cincuenta años, el movimiento ambientalista Deep ecology que promueve una aproximación espiritual, casi religiosa a los dilemas ambientales. Las ideas de Arne Naess, uno de los fundadores de ese movimiento, aparecen en este capítulo, a veces exaltadas, a veces criticadas. Este capítulo también está inspirado en una biografía intelectual de Aldous y Julian Huxley, *We are amphibians, Julian and Aldous Huxley on the Future of Our Species*, escrita por R. S. Deese. El poeta Gary Snyder recoge en el epígrafe la mayoría de las ideas y admoniciones de Aldous Huxley.

5

Aldous Huxley y la educación

Pero lo que se saca de un libro no es nunca eso. En el fondo —agregó el doctor Robert— todos ustedes siguen siendo platónicos. ¡Adoran la palabra y odian la materia!

Aldous Huxley, La isla

El hombre es un anfibio que vive simultáneamente en dos mundos, el mundo de la materia y el mundo de los símbolos.

Aldous Huxley,
prólogo al libro La libertad primera y
última *de J. Krishnamurti*

Durante toda su vida, Aldous Huxley trató de vivir coherentemente. Practicó una honestidad básica, de todos los días, sin grandes alardes. Decía una cosa y hacía lo propio. Vivió como pensaba. "Debemos aceptar que muchos eventos de nuestra vida no son simplemente fortuitos, sino pruebas deliberadas de inteligencia y carácter", escribió alguna vez. En 1953, después de haber vivido en California por más de quince años, decidió solicitar la ciudadanía de Estados Unidos. Presentó una petición formal y algunas semanas después fue citado a una audiencia privada. Acudió a un despacho judicial en el centro de Los Ángeles en compañía de su esposa María. Inicialmente respondió algunas preguntas de rutina sobre la Constitución de los Estados Unidos, luego el juez encargado de su caso le preguntó, como era menester, si estaría dispuesto a hacer parte del ejército y a empuñar las armas en caso de una guerra o una conmoción interior. "No", respondió de manera perentoria. Aldous era un pacifista sin grietas. Rechazaba la violencia en todas sus formas: revolución fascista, revolución socialista, imperialismo, terrorismo, lucha de clases, persecución de minorías, incluso defensa propia.

El juez le preguntó, entonces, si su reticencia tenía como causa alguna objeción de conciencia basada en sus creencias religiosas. Una ley reciente prohibía otorgarles la ciudadanía a todos aquellos que renunciaran a servir en el ejército por razones diferentes a los mandatos de su religión. Aldous señaló que sus razones no eran religiosas, sino filosóficas. El juez le preguntó de nuevo si existía la posibilidad de que su filosofía fuera una extensión de sus creencias religiosas. Aldous lo miró con impaciencia y dijo que "no, no existe esa posibilidad". Exasperada ante las respuestas de su esposo, María le pidió un poco de pragmatismo, de flexibilidad filosófica y doctrinaria. "Bastaría con decir que las razones son religiosas y salimos de esto de una buena vez", exclamó en medio de la audiencia. Huxley no cedió, afirmó nuevamente que sus razones no eran religiosas, que su pacifismo tenía raíces meramente filosóficas. El juez movió la cabeza entre confundido y ofuscado. Huxley miró su reloj y le dijo a María, "Es hora de irnos". María le agradeció al juez su paciencia, se paró bruscamente y abandonó el lugar de la audiencia seguida por su esposo. Jamás recibieron la ciudadanía de los Estados Unidos.

HUXLEY Y LA EDUCACIÓN NO VERBAL

Aldous Huxley creía que los seres humanos somos anfibios, esto es, que tenemos la capacidad de vivir en varios mundos distintos de manera simultánea: el del lenguaje simbólico y el de la receptividad sensorial, el de las ideas abstractas y el del conocimiento práctico, el de las ciencias y el de las artes. Pensaba que esta versatilidad era no solo una fortaleza de la especie, sino también un imperativo epistemológico. Se opuso siempre a la especialización, a quienes insisten en habitar un solo mundo, en negar nuestra esencia anfibia, en asilarse solo en una parte de la vida.

Pasó su vida entre libros, en el mundo de las ideas. Creía en la cultura, entendida como lo mejor que ha sido pensado e imaginado por los seres humanos a lo largo de la historia. Argumentó que los símbolos lingüísticos, matemáticos o músicos, eran fundamentales, que sin ellos no tendríamos ni filosofía ni ciencia ni arte ni civilización. En fin, no seríamos humanos.

Pero pensaba, al mismo tiempo, que los símbolos y las ideas podían hacernos perder el sentido de la realidad, llevarnos a una inversión peligrosa, a la creencia falsa de que los conceptos (las formas simplificadas como representamos el mundo) son más importantes que la vida. Estaba convencido de que la educación no terminaba con la maestría del lenguaje y los símbolos abstractos. En su opinión, una educación para la receptividad, esto es, una educación no verbal era casi tan importante como la educación formal, como el conocimiento del lenguaje, las ideas y las matemáticas.

"La educación para la receptividad", dice uno de los personajes de *La isla*, "es el complemento y el antídoto de la educación para el análisis y la manipulación de símbolos. […] Si uno quiere siempre podrá sustituir las mejores percepciones por una mala idea preparada de antemano. ¿Pero por qué habría uno de hacer esa elección? ¿Por qué no escuchar a ambas partes y armonizar los puntos de vistas de los dos?". En la isla de Pala, el sistema educativo no solo aspira a formar manipuladores de símbolos, sino también receptores de percepciones.

Inicialmente, por ejemplo, se les pide a los niños que dejen de pensar y miren una flor:

> Mírenla de forma analítica. No como hombres de ciencia ni siquiera como jardineros. Libérense de todo lo que saben y miren con absoluta inocencia esa cosa infinitamente improbable que tienen ante ustedes. Mírenla como nunca hubieran visto nada semejante como si no tuviese nombre ni perteneciese a clase reconocible alguna. Mírenla despiertos, pero pasiva, receptivamente, sin rotular, ni juzgar, ni comparar. Y mientras la miran inhalen su misterio, aspiren el espíritu del sentido.

Después de mirar la flor, los niños deben describirla en palabras como un objeto abstracto, como si fueran científicos. Seguidamente deben dibujarla como la recuerdan, vívidamente, como si fueran artistas. Las dos cosas son enfatizadas, la contemplación como experiencia estética o espiritual y el análisis en términos de ciencias, historia o economía. Todos los cursos, en la isla utópica de Pala, incluyen ese tipo de construcción de puentes entre saberes: "Se empieza con la botánica [...] y al final de la sesión de construcción de puentes se encuentra uno pensando en la naturaleza del lenguaje, en los distintos tipos de experiencias, en la metafísica y en la conducta de la vida".

Huxley creía que su objetivo primordial como escritor era uno solo, el de constructor de puentes, el de conectar diferentes mundos, en particular los mundos de la educación verbal y la no verbal. Estaba convencido de que ningún científico o artista debía rechazar nuestra naturaleza anfibia. Fustigó a quienes despreciaban la racionalidad y añoraban un mundo primitivo; criticó igualmente a quienes intentaban reducir la experiencia humana al mundo de la razón, los símbolos y el pensamiento sistemático. Nunca dejó de insistir en que debemos vivir en ambos mundos, en que somos anfibios por naturaleza y necesidad.

ARTE Y CIENCIA

En 1959, hace ya más de sesenta años, el intelectual inglés C. P. Snow publicó un breve ensayo en forma de libro titulado *Las dos culturas*. Snow propuso una contradicción elemental, una especie de dicotomía básica: de un lado están los intelectuales literarios, los humanistas que insisten en la preeminencia de los textos clásicos, el griego, el latín y los estudios culturales; de otro están los hombres y mujeres de ciencia que insisten, por su parte, en la importancia de las matemáticas, el pensamiento analítico y el rigor empírico. Snow lamentó la falta de conocimiento por parte de los intelectuales literarios de las ideas básicas y los rudimentos de la ciencia. Muy pocos saben, afirmó, en qué consiste la segunda ley de la termodinámica.

Aldous Huxley, que había vivido entre las artes y las ciencias (su abuelo fue un gran divulgador científico y su tío abuelo, Matthew Arnold, un poeta y crítico literario), terció en el debate. Su último libro publicado en vida fue una respuesta a C. P. Snow y a sus críticos, *Literatura y ciencia*. En él, rechazó tanto el cientificismo de Snow como la ignorancia complaciente (y las malas maneras) de sus críticos, los intelectuales literarios. Su mente quería siempre conectar, encontrar afinidades, tender puentes. Para Huxley, la ciencia y la literatura eran manifestaciones complementarias del espíritu humano.

A pesar de ser un hombre de letras, Huxley pasó los últimos años de su vida en la compañía de científicos. Tuvo una gran amistad con el astrónomo Edwin Powell Hubble (inmortalizado en el telescopio que lleva su nombre). Buena parte de la ciencia, en su opinión, tenía un elemento poético, podía ser entendida casi como una revelación cósmica. La ciencia, en últimas, reafirmaba nuestra posición de espectadores deslumbrados, conscientes del milagro del universo y, por lo tanto, esclarecidos. Los seres humanos, escribió, no pueden vivir solo con la contemplación receptiva o la creación artística, necesitan también de la ciencia y la tecnología.

Insistió en que los científicos y los artistas deberían avanzar juntos, explorar de la mano las "expansivas regiones de lo desconocido". Ambos, insinuó, son conscientes, a su manera, de la ignorancia fundamental que aqueja al ser humano. "Añoro", escribió, "la llegada de un gran artista que logre hacer la tarea de incorporar las hipótesis de la ciencia dentro de los armoniosos y emocionantes trabajos artísticos". Después de la muerte de Huxley, en estas últimas décadas, muchos artistas y científicos han encontrado formas de trabajar conjuntamente. La brecha entre las dos culturas se ha venido cerrando. Artistas y científicos han descubierto su naturaleza anfibia, han seguido el ejemplo y las admoniciones de Huxley.

La literatura y la ciencia son, en su opinión, dos regiones del mismo mundo, del mundo de los símbolos, la educación

Aldous Huxley y su amigo Edwin Hubble en California. La fotografía hace parte de la colección de la Universidad del Sur de California.

verbal y los conceptos abstractos. El mundo que nos define como especie, pero que puede, simultáneamente, separarnos de las otras formas de vida y de nosotros mismos. El mundo de los símbolos, insistió, es solo uno de los mundos posibles, no abarca toda la experiencia humana, la experiencia anfibia que debe vivirse afuera y adentro del mundo simbólico.

"Toda educación", dice un profesor en *La isla*, "tendría que incluir cursos de humanidades. Pero no nos engañemos con el nombre. En sí mismas las humanidades no humanizan. No son más que otra forma de especialización en el campo simbólico". En sus clases, señalaba que ni leer Platón ni tomar cursos de química o física son suficientes: el ser humano necesita también una educación en la receptividad y en la experiencia práctica.

ESCEPTICISMO

Huxley denunció, a lo largo de su vida intelectual, pero sobre todo durante sus últimos años, a los ideólogos y demagogos tan comunes en el mundo de la política y la religión. Combatió a quienes incurren, por convicción o conveniencia, en la *sobresimplificación* y la *sobreabstracción*. En su opinión, los primeros señalan sin presentar ninguna evidencia que "todas las A tienen una sola causa, que es B" y "Todas las X son Y"; los segundos, por su parte, peroran orgullosos de la humanidad, el progreso, el futuro, y muestran, al mismo tiempo, un desdén casi absoluto por la gente, por las personas como individuos. Para ambos todos los males del mundo tienen una única explicación, sus enemigos: los infieles, los herejes, los enemigos de Dios, los judíos, los comunistas, los capitalistas, etc.

Huxley creía que muchas de las miserias del mundo venían del dogmatismo y el afán proselitista de los ídolos religiosos y políticos. Los pecados ideológicos, decía, son los más peligrosos de todos. El ser humano es un animal extraño: mata más gente por saciedad ideológica que por hambre. Las

93

guerras religiosas siempre han sido las más sangrientas. "Es difícil encontrar un asesinato a gran escala que no se haya hecho en nombre de Dios", escribió.

(Terminé de escribir el párrafo anterior, tomé un libro al azar del poeta y novelista holandés Cees Nooteboom y encontré la siguiente historia sin buscarla: "Qom, Irán, 1975 [...] Cuando nos acercamos a la mezquita, fuimos súbitamente rodeados de *mollahs* vestidos de negro, excitados y vociferantes. Uno de ellos me lanzó a la cara un espeso escupitajo que todavía tengo la impresión de sentir cuando lo recuerdo. Ese escupitajo había tenido, mucho tiempo antes, un predecesor. La primera vez fue cuando el invierno del hambre me llevó de La Haya a la región de Veluwe donde, siendo un niño católico de diez años [...], me encontré en una escuela de culto protestante y fui perseguido en el patio de recreo y arrinconado por un grupo de cristianos de mi edad". La peligrosidad del ser humano parece venir más de ciertas ideas que de sus instintos).

Huxley pensaba que el mejor antídoto en contra de estas formas de malentender el mundo (la *sobresimplificación* y la *sobreabstracción*) era el escepticismo. Insistió, una y otra vez, en la necesidad, casi vital, de no tomarnos las palabras y las ideologías demasiado en serio, de mantener una distancia escéptica frente a todos los dogmas. Por supuesto, necesitamos ideas y simplificaciones, modelos si se quiere, para navegar la complejidad de la civilización, la historia y la vida. Sin embargo, no deberíamos tomárnoslas muy en serio. "Tratar de saberlo todo, sin tomarse nada muy en serio", era una de sus fórmulas preferidas.

En *La isla*, ese compendio novelado de sus ideas, uno de los personajes principales, el doctor Robert, señala la importancia central del escepticismo en la educación general: "[...] cultivamos sistemáticamente el escepticismo. Impedir que los niños se tomen las palabras demasiado en serio, enseñarles a analizar todo lo que oyen o leen; esto forma parte integral del programa escolar. Resultado: el demagogo elocuente, como Hitler o nuestro vecino del otro lado del estrecho, el coronel Dipa, no tienen ninguna posibilidad en esta isla". Es muy fácil, fatalmente fácil, explicaba Robert, matar en nombre de un dogma, pero muy difícil, mucho más difícil, hacerlo en nombre de una hipótesis de trabajo o una teoría falseable.

En el tono didáctico que exasperó a algunos de los primeros críticos de *La isla*, Robert denigra también de los demagogos elocuentes y sus seguidores. "Los admiro de la misma manera que admiro un tifón. Por desgracia ese tipo de energía, devoción y abnegación resulta ser incompatible con la libertad, y no hablemos ya de la razón y la decencia humana".

Las ideas liberales de Huxley, su llamado al escepticismo, a las dudas sobre las falsas promesas de los grandes líderes, constituyen un buen ejemplo de las ideas democráticas imprescindibles que suelen, por momentos, hacerse más escasas, diluirse en medio de las recurrentes etapas de locura por las que atraviesa la humanidad.

En coherencia con su escepticismo, Huxley abogaba por un cierto realismo, por la modestia consciente que debe acompañar todas las empresas humanas. El epígrafe de *La isla*, una frase de Aristóteles, resume su posición de manera sucinta: "Al concebir una idea podemos dar por supuesto lo que necesitamos, pero es necesario evitar las imposibilidades". Siempre enfatizó la necesidad de ir por el mundo dando ejemplo, hablando claro en favor de cierta decencia, realismo y espiritualidad.

No era un hombre religioso en un sentido tradicional. Rechazó la religión organizada. No creía en un dios antropomórfico y todopoderoso, pero creía en la urgencia de una búsqueda personal de sentido, aspiraba a una conexión con todas las cosas del mundo, con el universo o la divinidad. Revelación sin religión, era su objetivo vital. Su espiritualidad partía de aceptar, como un axioma casi, el misterio de las cosas y la impotencia del ser humano.

El entendimiento, decía, es distinto al conocimiento y requiere, muchas veces, que seamos capaces de desaprender algunas cosas, ciertas ideas. A pesar de sus tendencias pedagógicas, de cierta inclinación a predicar (terminó siendo una especie de sacerdote abnegado de lo obvio), siempre fue modesto, casi pesimista sobre nuestra capacidad de aleccionar a los demás, de enseñarles a vivir. Su escepticismo abarcaba también sus ensayos y novelas. "Es casi penoso", afirmó al final de su vida, "haber estado imbuido en los problemas humanos toda una vida y descubrir que uno tiene un solo consejo para ofrecer: traten de ser un poco más amables".

Este libro, sin abandonar el escepticismo, intenta mostrar que Aldous Huxley tiene mucho más que ofrecerle a esta época de temores y desastres. No solo debemos ser más amables. No solo debemos abordar las ideologías con escepticismo. También debemos celebrar la experiencia humana y no renunciar (al menos no todo el tiempo) a esa idea fundamental de que un mundo mejor es posible.

LECTURAS

Este capítulo está basado, como los anteriores, en la novela *La isla* y las dos biografías mayores de Huxley, la de Sybille Bedford y la de Nicholas Murray. También hay citas, sobre todo al final, de un largo ensayo, *Conocimiento y entendimiento*, publicado en 1956 y compilado años más tarde en un libro que recoge los textos más espirituales de Aldous Huxley, *The Divine Within*. Finalmente, este capítulo recoge las ideas de la que fue su última publicación en vida, *Literatura y Ciencia*, un libro que revela claramente sus habilidades de ensayista que siempre fueron muy superiores a sus destrezas de narrador. Casi en forma de cameo, fugazmente, aparece en este capítulo el poeta y ensayista holandés Cees Nooteboom, en particular hay un paréntesis que cita un fragmento suyo recogido en un libro de fragmentos (un fragmento fragmentado), *Tenía mil vidas y elegí una sola.*

6

Huxley y el progreso

La gente logrará amar la opresión y adorar las tecnologías que destruyen su capacidad de pensar.

Aldous Huxley

LET US BE MEN

For God's sake, let us be men
Not monkeys minding machines
Or sitting with our tails curled
While the machine amuses us, the radio or film or gramophone.
Monkeys with a bland grind on our faces.

D. H. Lawrence, Pansies

En 1926, después de deambular por medio mundo, Aldous Huxley visitó por primera vez a los Estados Unidos. Llegó a California en una época de acelerada expansión económica y grandes contradicciones: la relación de los valores tradicionales coincidía con la prohibición del alcohol. "Lo que está ocurriendo en América", escribió, "es una revaluación de los valores, una alteración radical de los estándares establecidos". Estas primeras impresiones, la ambivalencia sobre el progreso material (o materialista), lo acompañarían durante toda su vida.

Visitó a Hollywood y escribió meses después que era un lugar demasiado predecible y muy en las antípodas de la civilización como para intentar establecerse allí de manera permanente. Sin embargo, una década más tarde (así es la vida), dejó a Inglaterra y emigró a Los Ángeles, a las colinas de Hollywood, en parte como refugiado de la Segunda Guerra y en parte con la ilusión, nunca cumplida, de convertirse en un exitoso guionista de cine. Huxley era un hombre de ideas, con un oído deficiente para los diálogos, con una incapacidad (que siempre reconoció) de crear caracteres creíbles. Un humanista incapaz de inventar personajes de ficción.

Viajó a Chicago por tren y siguió después hacia Nueva York. Le llamó la atención, sobre todo, la vitalidad de las ciudades estadounidenses, su extravagancia generosa (un siglo después, en medio de una crisis institucional y cientos de miles de muertos, esa vitalidad se ha transformado en decadencia). "Todo es movimiento y ruido, como el agua que regurgita en un baño y sale apurada por el desagüe, sí, todo termina en el desagüe", escribió. Pensaba que nuestra civilización era la civilización del ruido: el ruido físico, el ruido del deseo y el ruido mental. "Todos los recursos de nuestras tecnologías milagrosas han sido arrojados en el asalto contra el silencio", escribiría años más tarde.

Desarrolló desde entonces cierta intolerancia a las formas más vulgares y rutilantes del progreso material. Durante ese primer viaje a los Estados Unidos articuló su crítica (conservadora, si se quiere) a los excesos materialistas, los cuales le parecían estéticamente repulsivos y humanamente peligrosos. Entrevió en ellos una amenaza sutil para la libertad, una especie de desacralización de la vida: "Una existencia sin frustración, desajuste, miedo, rebelión, pobreza y crimen —no hay pasado, no hay Dios, no hay arte", escribiría algunos años después.

Su primera visita a los Estados Unidos determinaría, en buena medida, sus ideas sobre la libertad, la tecnología y el progreso. Su obra más leída, *Un mundo feliz*, una profecía y una sátira al mismo tiempo, contiene un mensaje esencial: el ser humano puede anularse en la abundancia. Las distopías son más reflexiones sobre el presente que ejercicios de futurología. Huxley sigue siendo leído, ahora como entonces, el presente luce cada vez más ominoso, más parecido a su visión.

LIBERTAD

En *1984*, George Orwell describió una sociedad subyugada, oprimida por los métodos tradicionales del terror, el dolor físico y la vigilancia obsesiva de los movimientos y pensamientos de todo el mundo. Una bota que presiona contra el asfalto un rostro humano congelado en una mueca de dolor es la imagen del totalitarismo imaginado por Orwell: la supresión de la libertad y la dignidad humanas por medios violentos.

En *Un mundo feliz* y en varios de sus ensayos y reflexiones posteriores, Aldous Huxley describe una forma de opresión más sutil, pero al mismo tiempo más insidiosa y problemática. Ya no se trata del uso de la fuerza para someter violentamente a las personas, sino del uso de la propaganda, el condicionamiento, la farmacología e incluso la manipulación genética para subyugar de manera voluntaria a las mayorías. La imagen reveladora ya no es la mueca de dolor, sino la sonrisa satisfecha, complaciente (enajenada dirían algunos) de quien ha sacrificado su libertad por placer, por una ilusión hedonista.

Huxley creía que, en el largo plazo, las mayores amenazas a la libertad vendrían de una especie de renuncia voluntaria, de la tendencia humana a sacrificar la libertad en busca de cierta comodidad, de una garantía de alimento y entretenimiento: "Denme hamburguesas y televisores, pero no me molesten con las responsabilidades de la libertad". En últimas, creía, los seres humanos no necesitamos ser esclavizados a la fuerza: muchas veces, con las tecnologías propicias y el método adecuado, nos amarramos voluntariamente a las cadenas.

La naturaleza nos ofrece una metáfora aleccionadora, sugiere Huxley. Admiramos la libertad de los pájaros, "su capacidad para moverse sin ninguna restricción en las tres dimensiones", pero olvidamos el ejemplo inquietante del dodo. Cualquier pájaro que ha logrado rebuscarse una vida tranquila sin usar las alas renunciará al privilegio de volar y caminará por el mundo sin inmutarse, sin extrañar la libertad. Si las cosas salen mal y las circunstancias cambian, los dodos añorarán y reclamarán la libertad (a la cual renunciarían de nuevo si algún granjero avezado les ofrece cierta tranquilidad y entretenimiento). Así somos: dodos dóciles.

Huxley pensaba que, durante la segunda mitad del siglo XX, la humanidad había renunciado poco a poco, pero de manera ineluctable, a la libertad y la vida. Le preocupaba, específicamente, el crecimiento de las grandes empresas y burocracias que convertían al ser humano en un instrumento del consumo y la producción, en sus palabras, la *sobreorganización*.

La élite en el poder emplea directamente a millones de trabajadores en sus empresas, oficinas y almacenes, controla muchos millones más prestándoles dinero para que compren sus productos, y, por medio de la propiedad de los medios de comunicación, influencia los pensamientos, las emociones y las acciones de virtualmente todo el mundo.

Las organizaciones, escribió Huxley, son indispensables, facilitan la cooperación, permiten muchos de los milagros de la vida moderna, pero, en exceso, son perjudiciales: "El exceso de organización transforma a hombres y mujeres en autómatas, sofoca la creatividad del espíritu y anula la posibilidad de la libertad". En suma, la sobreorganización exacerba el problema del dodo (la servidumbre voluntaria) y puede convertirnos incluso en termitas, en simples piezas de una ecología que nos rebosa y nos anula.

En *La isla*, Huxley fustigó tanto a Oriente como Occidente, anticipó esa extraña división del mundo de los albores del siglo XXI en la cual una parte (Occidente) se dedica principalmente a consumir y la otra (Oriente) a producir. "¿Para qué son los muchachos y los jóvenes en Norteamérica? Respuesta: para el consumo en masa y los corolarios del consumo en masa, las comunicaciones en masa, la publicidad en masa […]. ¿Para qué son allí [en China] los muchachos y las chicas? Para carne de cañón, carne de la agricultura, carne de la construcción de caminos. De momento Oriente es Oriente y Occidente es Occidente… solo por el momento".

Huxley parecía tener una visión trágica de la libertad, era plenamente consciente de la ambivalencia de los seres humanos, de nuestra búsqueda simultánea y contradictoria de (i) un mundo sin riesgos y (ii) un mundo con significado. Los seres humanos renunciamos fácilmente a la libertad, pero también rechazamos el hedonismo sin alma, poseemos cierta rebeldía de espíritu. "En un mundo donde todo está disponible, nada tiene significado", escribió. *Un mundo feliz* es, en últimas, una novela sobre esa ambivalencia. Siempre hay algo que perder, creía Huxley. "Uno no puede obtener algo de la nada", repitió con insistencia. Los seres humanos lo queremos todo, escribió alguna vez Margaret Atwood. "Queremos ser dioses satisfechos, deambulando por el Olimpo, bellos eternamente, haciendo el amor y entretenidos con las angustias de los otros. Y al mismo tiempo, queremos ser esos otros angustiados, porque creemos íntimamente que la vida tiene significado más allá de la estimulación de los sentidos, y que la gratificación inmediata nunca será suficiente". El mundo moderno, creía Huxley, ha roto ese balance, nos ha acercado, como consecuencia, entre otras cosas, de la sobreorganización, a un mundo feliz pero vacío, sin significado y sin libertad.

TECNOLOGÍA

Aldous Huxley fue, por tradición y temperamento, un hombre cercano a las ciencias y la tecnología. Reconoció, sin ambages, la importancia de la ciencia no solo como una manifestación esclarecida del espíritu humano, sino también como un instrumento para el bienestar colectivo. Su ideal era la ciencia experimental pura en un extremo del espectro, y el misticismo experimental puro en otro. En la isla de Pala, su manifiesto ficcional, las tecnologías médicas y agrícolas, la electricidad y la industria del cemento hacen parte de la vida, promueven el bienestar social.

Al mismo tiempo, Huxley puso de presente, sobre todo al final de su vida, la tendencia a convertirnos (basta mirar a nuestro alrededor) en instrumentos de nuestras propias máquinas, enfatizó las trampas del ingenio humano. Nunca negó la importancia de la tecnología, tampoco defendió el retorno a un paraíso idealizado libre de artefactos humanos y tecnologías maléficas. Sin embargo, insistió (proféticamente, dicen algunos) en los peligros y amenazas de la tecnología.

Creía en un mundo de pequeñas comunidades o villas descentralizadas, con acceso a la tecnología, pero sin las distorsiones de la industrialización masiva, de lo que hoy llamamos eufemísticamente las cadenas globales de valor. Vivió mucho tiempo desconectado en una rústica cabaña en uno de los desiertos del sur de California. Creía en la necesidad de sopesar los beneficios y los costos colectivos de ciertas tecnologías. Abogó por una especie de utilitarismo básico con respecto a la adopción tecnológica. No todas las tecnologías son malas, insinuó muchas veces, pero al mismo tiempo no todas son buenas, algunas tienen más costos que beneficios.

En *La isla*, Huxley recrea una discusión extrañamente moderna, casi clarividente, sobre las motocicletas, sobre la decisión de permitir o no su ingreso como medio de transporte masivo en un país en desarrollo: "[...] es un problema que todos los países deben solucionar de alguna manera", dice uno de los personajes. "*To scoot or not to scoot*", ese es el dilema, aclara.

> Nosotros siempre hemos preferido adaptar nuestra economía y tecnología a los seres humanos, no nuestros seres humanos a la economía y tecnología de otros [...], importamos solo lo que podemos permitirnos. Y lo que podemos permitirnos está limitado principalmente por nuestro deseo de ser felices y nuestra ambición de ser plenamente humanos. Después de estudiar el asunto con cuidado decidimos que las motos se cuentan entre las cosas (las numerosísimas cosas) que no podemos permitirnos.

El *fracking*, la energía nuclear, el CRISPR (acrónimo en inglés de Clustered Regularly Interspaced Short Palindromic Repeats, o Repeticiones Palindrómicas Cortas Agrupadas y Regularmente Espaciadas) para el mejoramiento genético, ciertas formas de inteligencia artificial y el mismo modelo de negocios de muchas compañías que ofrecen el acceso gratuito a plataformas con el fin de capturar y vender una información privada que (conscientemente) no compartiríamos con nuestros hermanos, todas estas tecnologías y muchas otras podrían someterse a esta prueba utilitaria. Huxley sugiere, en últimas, una leve inversión de la carga de la prueba, una especie de utilitarismo (antiliberal, dirían algunos) a la hora de decidir la masificación de ciertas tecnologías. Defendió una tecnología más humana y sostenible. Creía que los inventores y científicos deberían, como los médicos, hacer un juramente hipocrático. "No empeorar el mundo", debería ser el punto de partida. Temía que las tecnologías pudieran convertirse en instrumentos de dominación. Probablemente habría disfrutado aquellas distopías tan comunes en estos años disruptivos en las que robots autoprogramables subyugan casi por accidente a los seres humanos. La humanidad que se autodestruye como resultado de su ingenio e imperfección moral siempre fue una de sus fábulas favoritas.

PROGRESO ESPIRITUAL

En enero de 1947, Aldous Huxley y su esposa María dejaron su cabaña en el desierto californiano y se mudaron a una casa en un suburbio de Los Ángeles. Huxley tenía un terrible y persistente dolor de muela. La nueva casa era pequeña, incómoda y fea. María escribió, entonces, varias cartas a sus amigas quejándose de la situación, la nueva casa, la indiferencia de su esposo hacia todos los aspectos prácticos de la vida y la infelicidad doméstica en general.

Ese mismo mes Aldous Huxley escribió un largo ensayo sobre la felicidad y el progreso que podría leerse como una respuesta a los problemas domésticos, a la miseria de la vida de todos los días. Huxley comienza por el principio, con la biología. El progreso biológico, escribió, puede ser definido como el aumento en la independencia y el control sobre el ambiente. En su opinión, sin embargo, las especies tienen dos destinos previsibles: alcanzan una meseta evolutiva y se convierten en fósiles vivientes o encuentran en su historia evolutiva un camino sin salida y terminan extinguiéndose.

Huxley argumentó que, en el caso de la especie humana, en el horizonte de la historia, no de la biología, en una escala mucho más reducida, el progreso no puede ser definido simplemente por el grado de control sobre el entorno natural. "Si el arreglo de una sociedad es malo, cualquier victoria sobre la naturaleza servirá inevitablemente para aumentar el poder y la opresión". El cambio tecnológico, por ejemplo, puede traer consigo cierto progreso social, pero no necesariamente un progreso moral. Huxley creía, en contravía de las opiniones recientes de Steven Pinker y otros, que a lo largo de la historia no ha existido una relación positiva entre el avance de la tecnología y el avance de la moralidad.

Aldous Huxley enfatizó la dimensión relativa del progreso tecnológico, los aspectos paradójicos, incluso contradictorios, de los avances en el conocimiento y el control sobre el mundo natural. Vivimos más años, reconoció, pero también pasamos más tiempo enfermos: las casas de ancianos (la institucionalización de la soledad) son una consecuencia indeseada del progreso científico. El progreso tecnológico no equivale al progreso humano. Una cosa no siempre implica la otra.

El progreso humano, para Huxley, comprende tres dimensiones, tres aspectos complementarios: la felicidad, la creatividad y la moralidad. En su visión, los arreglos políticos pueden evitar los abusos de poder, generar cierto bienestar social y protegernos parcialmente de las locuras colectivas que, como especie, nos aquejan cada cierto tiempo, pero, por sí solos, no garantizan la existencia de seres humanos más felices, éticos y creativos. La política nunca garantizará un progreso definitivo. "Las revoluciones políticas y económicas han fracasado en alcanzar los buenos resultados anticipados", escribió.

Históricamente muchas épocas de avances en las artes y en las ciencias, de progreso creativo y grandes expansiones de espíritu, han sido épocas de miseria e inmoralidad. Solo en retrospectiva los historiadores, mediante ejercicios especulativos, pueden llamar a una época u otra progresista. El siglo XIII, la época de las catedrales góticas y la poesía de Dante, un siglo de progreso creativo, fue también, según Huxley, una época de miseria y abyección, de sangre, sudor y lágrimas para la mayoría. Dentro de algunos límites, creía Huxley, la felicidad y la moralidad son casi independientes de las circunstancias externas: "Un niño con hambre no podrá ser feliz; un niño educado entre criminales probablemente no será bueno, pero estos son casos extremos [...], en circunstancias normales, las personas pueden experimentar cambios en sus circunstancias sin experimentar cambios correspondientes en la dirección del vicio o la virtud, la miseria o la felicidad". Siempre será difícil, en términos poblacionales, digamos, hacer felices o buenos a los seres humanos.

Además, muchas miserias son irremediables, la vejez y la enfermedad, entre ellas. "Para un hombre viejo que ha sobrevivido a sus contemporáneos y está cayendo en una segunda infancia es absurdo hablar de progreso biológico o humano". Huxley probablemente habría estado de acuerdo con el médico y bioeticista inglés Richard Smith, quien escribió alguna vez que una cura para el cáncer que tuviera como consecuencia inmediata que la mayoría muriera de Alzheimer no representaría ningún progreso.

Al mismo tiempo, los seres humanos, pensaba, tenemos una gran capacidad para acostumbrarnos a los beneficios del progreso, para adaptarnos a unas nuevas (y mejores) circunstancias. "No pasamos todo el tiempo comparando la felicidad del presente con la miseria del pasado". Huxley anticipó lo que los psicólogos han llamado recientemente la trampa del hedonismo, nuestra tendencia a convertir los lujos en necesidades y a olvidar, en el proceso, un pasado de carencias e incomodidades.

Afirmó, al mismo tiempo, que las pasiones políticas, el amor a la patria o el partido tampoco traen una felicidad duradera y pueden ocasionar un deterioro de la moralidad y un aumento de la violencia. El nacionalismo, como lo muestra el mundo actual, puede ofrecerles a unos cuantos una identidad consoladora, pero no mejora el mundo; todo lo contrario, representa un retroceso. En suma, ninguna ideología o doctrina constituye, en sí misma, un avance.

Huxley creía que el progreso humano era en parte ilusorio. El avance tecnológico, los cambios culturales y el desarrollo institucional han mejorado la vida de los seres humanos, pero siempre habrá miserias irremediables y eras de oscurantismo. Huxley antepuso a la visión de progreso la idea del esclarecimiento, esto es, la conexión con la unidad de las cosas del mundo, cierto acercamiento personal (místico incluso) con la divinidad. Despertar y abrir las puertas de la percepción eran, en su opinión, las principales tareas de la especie. Veía con preocupación que muchas sociedades modernas conspiraban en contra de la contemplación, la receptividad y el asombro. Vio en el progreso material una suerte de cacofonía, un ruido de fondo del que deberíamos protegernos y escapar de vez en cuando.

LECTURAS

Este capítulo está basado en las dos obras de Aldous Huxley, la distopía (*Un mundo feliz*) y la utopía (*La isla*). El capítulo también recoge algunas anécdotas biográficas (sus biógrafos han relatado minuciosamente su trayectoria vital e intelectual, su transformación de un intelectual misántropo en un pensador espiritual, caracterizado por una suerte de impulso hacia la gratitud cósmica). Las teorías de Huxley acerca de los excesos y extravíos de las organizaciones humanas están claramente articuladas en su ensayo *Brave New World Revisited*.

Sus ideas sobre el progreso fueron publicadas por primera vez (ya lo veremos en el próximo capítulo) en Colombia en 1947. En los años veinte del siglo anterior, Aldous Huxley tuvo una relación problemática con el poeta y novelista D. H. Lawrence, quien rechazaba de manera enfática el progreso material y la modernidad. Huxley nunca los rechazó de plano, sus ideas sobre el mundo moderno siempre fueron ambivalentes. Sospechaba, puede uno imaginarse, que el rechazo absoluto de la ciencia y la tecnología esconde siempre algo de hipocresía.

7

Huxley y Colombia, una historia rescatada del olvido

Los terremotos todavía matan miles de seres humanos, las epidemias, millones, mientras que las hambrunas, debidas a las sequías, las inundaciones o las plagas, suavemente, penosamente, destruyen decenas de millones. Muchas de las *conquistas de la naturaleza*, estrepitosamente aclamadas en su momento, se tornan, pasados unos pocos años, en algo mucho menos espectacular de lo que en principio se había imaginado, y en ocasiones pueden tomar incluso el aspecto de una derrota.

Aldous Huxley, Reflexiones sobre el progreso

El 12 de mayo de 1961, al final de la tarde, Laura Huxley fue a la casa de una vecina y amiga ausente (Virginia Pfeiffer, cuñada de Ernest Hemingway) a alimentar el gato. Notó inmediatamente que, como ocurre con frecuencia en las colinas de Hollywood, un incendio amenazante comenzaba a rodear la casa de su amiga. Por varios minutos entró en una especie de estado contemplativo, en una pasividad casi inexplicable. Finalmente, cayó en cuenta de que su propia casa estaba en riesgo y salió presurosa a avisarle a su esposo sobre el peligro en ciernes.

Puesto ya Aldous en alerta, ambos fueron a la casa vecina y lograron, en medio del incendio circundante, salvar algunos papeles. La policía y los periodistas llegaron a tiempo, los bomberos tardaron mucho. Alrededor de las 7:30 p. m. Aldous y Laura lograron regresar a su casa. Aldous rescató el manuscrito de *La isla* (que estaba ya casi terminado) y tres vestidos de corbata con sus respectivos ganchos. Laura salvó su violín, una porcelana china y dos o tres de sus vestidos favoritos. En cuestión de horas, el incendio acabó con todo.

Destruyó la biblioteca y el archivo de uno de los intelectuales más importantes del ambiguo siglo XX. La lista de los libros y documentos perdidos para siempre es interminable: una primera edición del *Cándido* de Voltaire que había pertenecido al abuelo de Aldous, una primera edición de Proust que Aldous había comprado en París, un conjunto de libros dedicados por T. S. Eliot, H. G. Wells y Ezra Pound, cuarenta cartas de D. H. Lawrence, otras tantas cartas de Virginia Woolf y Paul Valéry y decenas de primeras ediciones y libros dedicados. Cuando uno de sus biógrafos le preguntó a Aldous cómo había lidiado con todo aquello, este simplemente respondió: "Uno sale y compra un nuevo cepillo de dientes".

"Ahora soy un hombre sin posesiones y sin pasado", le escribió a su hijo Matthew tres días después del incidente. "Me tocó aprender un poco por adelantado acerca del desprendimiento final, de lo que no podemos llevarnos con nosotros", escribió días más tarde con algo de resignación. Trágicamente la frase resignada (con esa resignación alegre que había aprendido del budismo) resultó clarividente en retrospectiva: semanas después Aldous sería diagnosticado del cáncer de lengua que le ocasionaría la muerte en noviembre de 1963.

"Todos los manuscritos se quemaron, todas las cartas que había recibido de otros y, en el caso de María, todas las cartas que le escribí", se lamentó en su correspondencia de la época. Semanas después, además del cepillo de dientes, compró algunos libros de poesía francesa (tan imprescindibles, tal vez, como la higiene personal) y viajó a Londres a visitar a su hermano Julian y a su cuñada Juliette. Antes de partir les envió a sus editores en Inglaterra y Estados Unidos el manuscrito final de *La isla*, su utopía, un ensayo novelado que, sesenta años después, en medio de esta época de catástrofes, he querido en este libro rescatar de un inmerecido olvido.

UN MANUSCRITO RESCATADO DEL OLVIDO

La mayoría de los manuscritos de Aldous Huxley se perdieron para siempre en el incendio de mayo de 1961. Algunos, los que conservaron sus editores, amigos y corresponsales, reposan en la biblioteca de la Universidad de California en Los Ángeles. No hay mucho más. Sus dos biógrafos, Sybille Bedford y Nicholas Murray, hurgaron medio mundo, recuperaron cartas y fotografías, pero no hallaron ningún nuevo documento digno de mención. El rastro de Huxley ha sido, como dirían los epidemiólogos, escrutado hasta sus últimos contactos.

Hace diez años aproximadamente, buscando en internet un documento sobre el origen de la guerra contra las drogas y las consecuencias sobre Colombia, me topé con un manuscrito de Aldous Huxley, una copia mimeografiada de casi veinte páginas que reposaba en una librería de segunda mano en Palm Springs, California. Poco sabía entonces sobre Huxley. Había leído *Un mundo feliz* de manera discontinua, afanada, para escribir una columna de prensa. Nada sabía del incendio californiano ni de sus ideas postreras y sus contradicciones de siempre. Mis afectos intelectuales (incluso ideológicos) estaban más con George Orwell, con sus denuncias sobre la corrupción del lenguaje y su llamado permanente a enfrentar, así pusieran en cuestión nuestras convicciones más profundas, los hechos incómodos, los que nos ponen a la defensiva.

Me llamó la atención, recuerdo, que parecía existir una conexión colombiana en este asunto libresco: el manuscrito original había sido enviado muchos años atrás, así lo hacía notar el librero de Palm Springs, a una persona en Colombia. Sin embargo, lo dejé pasar como una curiosidad más: papeles viejos que solo le podrían interesar a un coleccionista obsesivo o un bibliotecario con presupuesto. Hace unos cuatro años, recordé la existencia del manuscrito de Huxley y fui a buscarlo, pero ya no estaba. Aparentemente había sido comprado o retirado del mundo digital. Los libreros, dicen, son caprichosos. No siempre venden lo que tienen.

Hace un año, cuando empezaba a pensar en este libro, todavía como una idea remota, como una tarea de esas que nos ponemos sin que nadie nos lo exija, recordé el solitario manuscrito de Huxley. He adquirido alguna destreza en navegar las librerías de segunda mano en internet. Llevó años haciendo lo mismo. He refinado mis algoritmos personales

of the population, and then, almost suddenly, turn into dust
bowls and eroded hillsides. New chemicals for the control of
insects, viruses and fungi seem to work almost miraculously,
but only until such time as mutation and natural selection produce new and resistant strains of the old enemies. Artificial
fertilizers produce bumper harvests; but meanwhile they kill the
indispensable earthworm and, in the opinion of a growing number
of authorities, tend in the long run to reduce the fertility
of the soil and to impair the nutritive qualities of the plants
that grow on it. In the ~~interest of increased~~ production we
name of "efficiency"
disturb the delicate balance of nature; by eliminating one of
the factors in the ecological mosaic, or artificially adding
to another, we get our increased production, but after a few years
outraged nature takes its revenge in the most unexpected and
disconcerting way. And the list could be lengthened indefi-
nitely. Human beings are never quite so clever as they think
they are.

    But the criteria by which biological progress is
measured are not adequate when it comes to the measurement of
human progress. For biological progress is thought of as apply-
ing exclusively to the species as a whole; whereas it is im-
possible to think realistically about mankind without consider-
ing the individual as well as the race to which he belongs. It
is easy to imagine a state of things in which the human species
should have achieved a notable degree of biological progress --
but achieved it, as the social insects have achieved their
progress, ~~as~~ *at* the expense of the component individuals, considered

de búsqueda. Tengo mis mañas, mis trucos para encontrar ciertas cosas. No soy un coleccionista disciplinado y obsesivo, pero he aprendido el oficio.

Volví, entonces, ya con la idea de este libro en mi cabeza, a buscar el manuscrito. Sabía que había desaparecido y sospechaba, por lo tanto, que mi búsqueda iba a ser infructuosa. Me sorprendió encontrármelo de nuevo en la misma librería de Palm Springs, un pueblo de ricos en el desierto de California. Decidí comprarlo. Había recibido mis regalías por un libro anterior y pensé que podía gastar un millón largo de pesos con el objetivo de seguirle la pista a la historia que estoy tratando ahora de contar. Una historia que, como tantas otras en la vida, estaba perdida para siempre, pero encontró, por una suerte de milagro cósmico, su momento y su narrador.

Cuando compré el manuscrito me prometí a mí mismo, para calmar la conciencia ahora me doy cuenta, que escribiría este libro. Aquí estoy cumpliendo la promesa. Le recuerdo a esa conciencia atormentadora que me ha visitado asiduamente desde que era un niño las palabras del poeta: "No es una tarea nada fácil, esta de tomarse día a día uno y darse forma y ordenar un sentido a todo y parecer natural y también convincente y alzarse, levantar el vuelo, […] aferrándose hasta sangrar a fin de cumplir con algo en la vida, a fin de alcanzar lo que nunca en verdad se te ha pedido".

Recibí el manuscrito: un texto mimeografiado, corregido a mano por el mismo Huxley, *Reflexiones sobre el progreso* se titula. Las ideas principales del ensayo de diecinueve cuartillas, estructurado de manera precisa, con una sistematicidad casi académica, fueron resumidas al final del capítulo anterior. Algunas de las frases del ensayo tienen ahora, en este momento del mundo, una actualidad casi misteriosa. Parecen haber sido escritas en 2020 en medio de la pandemia y la reflexión global sobre los extravíos de nuestra civilización tecnológica:

En nombre de la *eficiencia*, perturbamos el delicado balance de la naturaleza. Si eliminamos uno de los factores en el mosaico ecológico o añadimos artificialmente otros, se puede conseguir un aumento de la producción, pero después de pocos años la airada naturaleza tomará su venganza en el más inesperado y desconcertante sentido. La lista podría continuar indefinidamente. Los seres humanos no son nunca tan inteligentes como creen.

El manuscrito venía acompañado de una carta fechada el 8 de febrero de 1947 en Wrightwood, California. Iba dirigida a un tal Mr. Ibáñez en Bogotá. La carta está llena de tachones y enmiendas. Seguramente fue mecanografiada por el mismo Huxley, quien lidió casi toda su vida con un problema de visión incapacitante. En la carta menciona el manuscrito y pide disculpas, pues aparentemente había existido un malentendido, un supuesto error sobre la exclusividad de la publicación del artículo en Colombia. Ofreció, como un reconocimiento a la cultura de América Latina y como un gesto de buena voluntad internacional, no cobrar ningún honorario. Es una carta amable, la amabilidad que Huxley predicó y practicó toda su vida.

[Estimado Mr. Ibáñez, Gracias por su carta del 20 de enero. Lamento que haya existido un malentendido sobre la publicación del artículo en países distintos a Colombia. Como una regla general los derechos seriales de mis artículos y cuentos son estipulados en relación con cada país en particular, sin perjuicio de lo que pueda ser acordado para otros países. En el presente caso la publicación en inglés será en una revista dedicada principalmente a la filosofía hindú — una publicación periódica con una circulación por debajo de mil ejemplares—, mientras que la versión en francés no será publicada, me imagino, por algunos tantos meses. En ninguno de los casos espero ser remunerado por mi

Wrightwood
Calif

Jx February 8th 1947

Dear Mr Ibanez,

Thank you for your letter of January 20th. I amx
regret that there should have been a misunderstanding as
to the publication of the article in other lxmxuxgxmxuxnxm
countries than in Colombia. As a general rule the serial
rights of my articles and short stories are disposed of
in relation to one particular country, without prejudice to
what may be arranged in other countries. In the present case
English publication will be in a periodical devoted mainly
to Hindu philosophy --- a periodical with a circulation
of under one thousand --- while the French version will not, I imxsxgxx
imagine, be published for a good many months. In neither of
these cases do I expect to be paid for my contribution. And
in view of the fact that the University of Colombia
prefers to purchase the exclusive serial rights in an article,
may I suggest that the xmxsxmxmxmxmxmxmxmxmxmxmxxx present article
should be regarded as a gratuitous tribute to Latin American
culture and to international good will.

With a,ll good wishes, I remain
                Yours very truly,

                        AWous Huxley .

Carta de Aldous Huxley a Jaime Ibáñez.

contribución. Habida cuenta de que la Universidad de Colombia prefiere comprar los derechos exclusivos, puedo sugerir que el presente artículo sea considerado un tributo gratuito a la cultura latinoamericana y a la buena voluntad internacional. Con los mejores deseos. Suyo sinceramente. Aldous Huxley].

Probablemente su opinión sobre América Latina, como sobre otras tantas cosas, había cambiado. En los años veinte, Huxley recorrió Venezuela, México y varios países de Centroamérica ("Allí no hay economía, solo pasiones malvadas", dijo sobre Guatemala). Al final de su viaje le escribió a uno de sus amigos ingleses una breve nota sobre la capital mexicana: "Muy extraño y siniestro país, gente oscura y salvaje. No puedo compartir el entusiasmo de D. H. Lawrence". Aparentemente (no hay ningún documento o testimonio claro al respecto, solo habladurías) durante una visita a una finca cafetera mexicana fue amenazado con un revólver. Huxley era ya en esos años un pacifista radical, adverso a todo tipo de violencia.

LA CONEXIÓN COLOMBIANA
Google nada dice sobre la relación del señor Ibáñez y Huxley. No hay una sola pista en ese gran acervo memorístico de la humanidad sobre esta conexión. Intenté de muchas maneras encontrar una pista digital, una referencia que me permitiera comenzar a jalar el hilo para así, poco a poco, ir desenredando el ovillo, ir reconstruyendo la historia del manuscrito que se salvó de las llamas y que había tenido, en los años cuarenta del siglo anterior, una conexión con Colombia.

Nada encontré. Ni un solo rastro. Le pregunté, recuerdo, al historiador colombiano Jorge Orlando Melo sobre Mr. Ibáñez. Me hizo varias preguntas. Le respondí lo que sabía: la fecha de la carta, la alusión a una universidad colombiana, las críticas al progreso de Huxley (enunciadas como una visión personal, casi íntima), etc. "Ni idea", me dijo. Le pregunté también al historiador inglés Malcolm Deas, un experto en asuntos colombianos y en vejeces librescas. Me escribió a los pocos días un mensaje lacónico, repleto de ironía: "Interesante, había gente civilizada entonces". El misterio seguía siendo eso, un misterio, un asunto sin resolver, extraviado en el olvido de los tiempos.

Le tomé una foto con el celular a la carta de Huxley a Ibáñez. La mostraba cuando podía a libreros, historiadores y coleccionistas de inutilidades. Un sábado en la mañana, a finales de 2019, le mostré la foto al librero bogotano Álvaro Castillo. Se quedó pensando unos minutos y me dijo, "Ese puede ser el novelista manizaleño Jaime Ibáñez que dirigió una revista de la Universidad Nacional". En ese mismo instante busqué en internet y encontré una referencia a la *Revista trimestral de cultura moderna* de la Universidad Nacional. Había sido publicada durante algunos años en la década del cuarenta. El rector de la universidad era, entonces, Gerardo Molina; el redactor de la revista, Jaime Ibáñez.

Encontré los índices de todos los números publicados. En el índice del número correspondiente al primer trimestre de 1947, aparecía como primer artículo, seguido por un artículo de Danilo Cruz y otro de Andrés Holguín, el artículo de Aldous Huxley, *Reflexiones sobre el progreso*. Dos días después, Álvaro Castillo me entregó una copia impresa de la revista que tenía en su casa. Me pareció una especie de tesoro escondido: la pasta verde con una estrella misteriosa en la mitad; la edición perfecta, escrupulosa; los artículos, en conjunto, una ventana al mundo de las ciencias y de las artes, una especie de homenaje anacrónico a la necesidad de combinar las dos culturas. Había, sin duda, gente civilizada en esa época.

Una parte del misterio estaba resuelto: posiblemente por invitación de Jaime Ibáñez, quien unos años atrás había publicado una novela distópica, Huxley envió el artículo sobre el progreso para su publicación en la revista. Las cartas de

Ibáñez a Huxley no están en los archivos de la Universidad Nacional (o no he podido encontrarlas), pero no es difícil reconstruir una historia probable: la invitación cordial, la respuesta afirmativa, la idea implícita de exclusividad (la revista no publicaba meras traducciones) y las aclaraciones posteriores de Huxley en la carta encontrada. Sea lo que fuere, Ibáñez logró lo que ningún editor o director de revista o periódico colombiano lograría por estos días: publicar un artículo original de uno de los pensadores más importantes del planeta en su momento.

Jaime Ibáñez Castro nació en Manizales. Estudió derecho en la Universidad Nacional, pero su pasión fue la literatura: escribió novelas, poemas y obras de teatro. Creía, como Huxley, que la literatura era una especie de instinto, esto es, que los seres humanos construimos todo el tiempo historias para entender el mundo y buscar a tientas algún significado. En fin, Mr. Ibáñez creía, con una pasión tal vez exagerada, en el papel esencial de la literatura.

Jaime Ibáñez fue nombrado jefe de Extensión Cultural de la Universidad Nacional en junio de 1945 en reemplazo de Fernando Charry Lara. Un año atrás, en 1944, el rector Gerardo Molina había creado la sección de Extensión Cultural, un proyecto modernizante que pretendía acercar la universidad (así como lo mejor de las ciencias y las artes) a otros sectores de la sociedad. Ibáñez tenía como tarea principal la definición de la agenda cultural y de los proyectos editoriales de la universidad. Venía de dirigir la revista de poesía *Cántico* y había publicado varios artículos de crítica literaria, una novela y un libro de poesía.

Rápidamente puso en marcha dos publicaciones de divulgación cultural: *Correo Universitario* y *Noticias Culturales*. Retomó, además, la revista de la Universidad Nacional (*Revista trimestral de cultura moderna*), publicación científica y cultural que recogía las principales investigaciones y debates intelectuales del

UNIVERSIDAD NACIONAL
DE COLOMBIA

8

ABRIL
1947

Número 8 de la *Revista trimestral de cultura moderna*, en el que fue publicado el artículo de Huxley.

SUMARIO

FILOSOFIA, LETRAS, ARTE Y POESIA

DERECHO Y CIENCIAS POLITICAS, SOCIALES Y ECONOMICAS

— 5 —

Sumario de la edición, el ensayo de Huxley es el primer artículo.

126

mundo y Colombia. Creada en 1944 y descontinuada en 1950, tenía una visión amplia, optimista sobre el mundo de las ideas, sobre la capacidad de las ciencias y las artes de transformar la sociedad. En 1947, incluyó artículos sobre filosofía y letras, ciencias jurídicas y económicas, ciencias biológicas y medicina, ciencias físicas y matemáticas. La investigación universitaria no había caído, entonces, en el exceso de especialización de estos tiempos, en ese vicio epistemológico que la ha alejado de la sociedad y la ha acercado a la irrelevancia.

La revista era, de nuevo, un esfuerzo progresista, estaba inspirada por un afán de conectar a Colombia con el mundo de las ideas e intentaba, si se quiere, reducir nuestro aislamiento intelectual. Paradójicamente el artículo de Huxley cuestiona, de un modo indirecto, la idea del progreso científico, nos recuerda la esencia insuperable de la vida humana, la incomprensible secuencia de cambios y azares que componen nuestro destino. Hay en toda esta historia una suerte de contradicción que la hace más interesante: el humanismo escéptico de Huxley cuestionaba en parte la idea de la misma revista y la extensión cultural de la universidad. El progreso, pensaba Huxley, tiene límites insuperables.

Ibáñez probablemente compartía esa visión, estaba de acuerdo con la ambivalencia de Huxley sobre el progreso científico y el destino humano. En el mismo año de 1947, probablemente después de leer el artículo de Huxley, escribió lo siguiente en un ensayo sobre Miguel de Cervantes:

> Joyce, Huxley, Hemingway, Maugham, etc., han tenido en sus manos seres maravillosos y tiempos tan intemporales y espacios tan inasibles que el lector tiene necesidad de preguntarse a dónde irá a parar todo esto. Sin embargo, unos y otros, autores y lectores, saben de antemano que nada podrá hacerse fuera de lo acostumbrado. Se sabe que lo humano, lo que el alma puede dar de sí misma […] está

delimitado precisamente por aquellos factores y terrenos que nos empeñamos en superar. Todos queremos ver lo que hay al otro lado de la pared y damos vueltas y vueltas sin cesar, como pequeños seres impotentes sin lograr nunca otra cosa que suposiciones más o menos verosímiles de lo que pasa más allá.

En 1944, tres años antes, había escrito una novela extraña, una distopía campesina, *Cada voz lleva su angustia*, sobre la gradual desaparición de la fertilidad de la tierra y el hambre que crece consecuentemente como una epidemia. En la novela, la naturaleza parece comportarse de manera caprichosa, con un halo de misterio que pone de presente la precariedad esencial de la existencia humana. Por la misma época, en los primeros años de la posguerra, Aldous Huxley había enfatizado los mismos temas, escribió varias veces sobre la erosión y los problemas de la fertilidad de la tierra: "América Central va en camino de hacerse un desierto. Una gran parte de América del Sur está siendo barrida por declives montañosos [...]. A medida que la población aumenta, la fertilidad de las tierras, cada vez más cruelmente explotadas, decrece. La pobreza humana se extiende en medio de una pobreza natural cada vez más profunda". Estas extrapolaciones pesimistas de Huxley e Ibáñez no se cumplieron. El ingenio humano, debemos reconocerlo, muchas veces encuentra salida.

La novela de Ibáñez fue llevada al cine en 1965. Filmada en Soacha, contó con un elenco de lujo, con los mejores actores colombianos de la época. Pero tal vez el hecho más notable de todo esto es el olvido, la velocidad con la que Ibáñez, sus novelas y su época están siendo borradas por el paso del tiempo. Ni siquiera Google, ese monstruo memorioso, recuerda los detalles. Hay una improbabilidad casi poética en esta historia: el manuscrito extraño que se salvó del incendio y permitió, muchos años después, recordar fugazmente los esfuerzos modernistas de Jaime Ibáñez y la Universidad

Nacional de Colombia. Los papeles viejos siempre encierran historias interesantes. La tenue conexión de Huxley con Colombia es sin duda una de ellas.

LECTURAS

Parte de la investigación de este capítulo fue hecha por Santiago Paredes, quien escudriñó los archivos de la Universidad Nacional en busca de cartas y documentos, en busca de la correspondencia entre Jaime Ibáñez y Aldous Huxley. La pandemia interrumpió los esfuerzos investigativos. Los archivos se convirtieron en lugares vedados. Los esfuerzos de la Universidad Nacional de Colombia por promover la cultura están contados en un artículo reciente, de 2019, "La Extensión Cultural en la Universidad Nacional de Colombia. Conexión dentro y fuera de la universidad", publicado en la *Revista Orígenes*. Los rastros de Jaime Ibáñez, además de sus libros, no son muchos. German Espinosa narró en una crónica de personajes literarios sus problemas con la bebida. Hay una interesante entrevista suya a León de Greiff en internet. Fue un promotor del teatro experimental. Invitó a Colombia al historiador Waldo Frank, autor de *The Unwelcome Man* y antimilitarista; fueron juntos a San Agustín. Fue uno de los primeros colombianos en interesarse por la ciencia ficción. Sus esfuerzos por promover la cultura, coincidieron con sus críticas a la modernidad. Fue como Huxley un hombre de contradicciones, con una visión matizada y crítica sobre el progreso material.

8

Las puertas de mi percepción

What is taken in by contemplation must be given out in love.

Meister Eckhart

Todo inició tranquilamente, con una larga conversación con el terapista. Recorrimos los cuatro aspectos claves de la terapia. Primero, hablamos de mi estado mental. Le conté que estaba tranquilo, que no tenía ninguna preocupación coyuntural y no había sufrido nunca de depresión o problemas de salud mental. En segundo lugar, hablamos del entorno. Me recomendó un lugar tranquilo, con música y con algún contacto con el mundo exterior, decorado con algunos objetos importantes, de algún valor simbólico. Mencioné varios artefactos, una piedra tallada africana que me recuerda el paso del tiempo, un fragmento de meteorito que compré en un viaje a Nueva York y algunos libros viejos. "Todo eso está bien", me dijo.

Conversamos después acerca de mi preparación personal, sobre mis lecturas e inquietudes. Le mencioné las lecturas de Huxley que llevaron a este libro, el libro de Michael Pollan mencionado en un capítulo anterior y los artículos científicos que había estudiado obsesivamente. Mencioné también que, en uno de sus últimos libros, George Steiner había escrito que se arrepentía de pocas cosas en la vida, pero que lamentaba, ya a los noventa años, no haber experimentado con LSD. Me dijo, medio sorprendido, que tal vez estaba demasiado preparado y que había entendido bien que esto era un asunto profundo, no una diversión.

Me recomendó que después de la terapia escribiera una reflexión, que ese ejercicio era casi tan importante como la misma terapia. Le conté que pensaba hacerlo de todos modos. Acordamos, de manera informal y sin muchas razones de fondo, que lo haría en tercera persona, como una especie de espectador interesado, con un acceso privilegiado a los devaneos de la conciencia.

Por último hablamos de la dosis. Me sugirió una dosis mediana de doscientos microgramos en dos partes, primero cien y después de una hora, otros cien. Me explicó que en dosis menores el LSD tenía un efecto estético y podría incluso servir para resolver problemas artísticos o científicos: la técnica de PCR (reacción en cadena de polimerasa, que se volvió un asunto ordinario con la pandemia del coronavirus y revolucionó para siempre la biología molecular) había sido descubierta por el científico estadounidense Kary Mullis, Premio Nobel de Química en 1993, en uno de sus tantos experimentos con psicodélicos. En dosis medianas, me explicó, facilita la introspección y el conocimiento de las intrincadas dinámicas de nuestra conciencia. En dosis altas puede incluso producir una experiencia mística, una conexión espiritual con todas las cosas.

Leímos juntos un artículo que había sido publicado ese mes sobre las investigaciones médicas con psicodélicos. Actualmente dos de las escuelas de medicina más importantes de Estados Unidos e Inglaterra, Johns Hopkins University y el Imperial College, tienen sendos centros especializados en psicodélicos. "Son una de las promesas de la psiquiatría", insistió. Yo había leído lo mismo en varias revistas de divulgación científica.

El artículo resaltaba que los psicodélicos no solo sirven para tratar problemas mentales (las adicciones, la depresión y el estrés postraumático, etc.), sino también para enseñar a vivir: una terapia exitosa, decía, produce usualmente una revelación profunda, pone las cosas en perspectiva, permite un mejor entendimiento del mundo y de nosotros mismos, confiere cierta ecuanimidad y aumenta la calidad de vida. Las investigaciones de los años cincuenta ya lo mostraban así. La evidencia sobre los efectos positivos de las terapias, con entretenimiento, guía y dosificación adecuadas, crece día a día. Alrededor de las cuatro de la tarde me tomé los primeros cien microgramos. En principio debía sentir los efectos después de veinte minutos o media hora. Sin embargo, pasada una hora no sentía nada, un leve aturdimiento y un poco de escalofrío, pero nada más. Me tomé entonces la segunda parte de la dosis con algo de impaciencia. Empecé a sentir los efectos de manera gradual, con plena conciencia, como si se tratara de un mar de luz, como si todas las cosas del mundo quisieran llamar la atención. Entendí entonces, desde el comienzo, la insistencia de Huxley en la sacralización de la cotidianidad.

SU VIAJE

Lo primero que sintió fue la luz, rodeándolo, casi abrazándolo, la luz como una presencia acogedora. Cerraba los ojos y la luz seguía allí. No desaparecía. Rebotaba por todos lados, en el marco de la ventana, en las hojas de los árboles y en los cuadros en la pared. La luz como nunca la había visto, como una especie de revelación, de invitación a la vida.

Seguidamente se dio cuenta de la música. Había seguido el consejo de Aldous Huxley, esto es, la selección musical que este había escogido para la ocasión: Johann Sebastian Bach, en particular, el *allegro* del cuarto Concierto de Brandeburgo. La música, como la luz, era envolvente, omnipresente. Era capaz de separarla en su cabeza, de identificar los instrumentos, incluso de percibir el humor, la celebración hilarante que hay en la música. Pensó en ese momento en que Bach no era otra cosa que el universo celebrándose a sí mismo.

Cayó en cuenta del lugar común. Pensó inmediatamente que todo esto era un gran cliché, una mirada deslumbrada al universo que traducida en palabras se convertía en una reiteración de mala poesía. Se sintió como un mal director de cine

embelesado por su propia cámara, demasiado directo, sin la oblicuidad necesaria para producir una obra de arte. Recordó que, en su preparación, había leído alguna vez que los psicodélicos convierten a casi todo el mundo en sacerdotes permanentes de lo obvio.

Las obviedades (el mundo doméstico) se transformaron en una suerte de espectáculo. Una hoja arrastrada por la lluvia hasta el fin de la calle. La cuerda de una cortina oscilando como un péndulo paciente. Los árboles mecidos por el viento. Las sombras de los objetos sobre el cielorraso. Un aviso publicitario lleno de luces y promesas ilusorias. En fin, las cosas que habían estado siempre ahí y nunca había observado con detenimiento.

No tuvo una gran epifanía. Pero sí un momento de trascendencia. Vio una gran hoja seca deshaciéndose sobre el césped, el follaje ya descolorido contrastaba con el verde de la hierba. Recordó entonces un poema que había leído (providencialmente) unos días antes y que recordaba ahora como una pequeña revelación. Era un poema del escritor mexicano José Emilio Pacheco, incluido en un libro publicado veinticinco años atrás por la Casa de Poesía Silva, *El silencio de la luna*.

HOJAS

¿Qué significan esas hojas muertas,
bronce fundido en la lluvia que arrastra el año
por el río del otoño?

No significan: son.
Les basta ser y acabarse.

La hoja deshaciéndose en el césped contenía, en su mente, un mensaje existencial, la idea de confundirse con el mundo, "la conciencia de la fragilidad y precariedad de la existencia, la conciencia de aquel que se sabe suspendido entre un abismo y otro". Varios días después, ya reflexionando sobre la experiencia, recordó que Aldous Huxley también había pensado en las hojas en medio de su trance.

Bajé la vista hacia las hojas y descubrí un cavernoso embrollo de las más delicadas luces y sombras verdes, latientes de indescifrable misterio.

Rosas:
Las flores son fáciles de pintar,
Difíciles las hojas.

El haikú de Shiki expresa, de manera indirecta, exactamente lo que entonces sentía: la excesiva y demasiado evidente gloria de las flores, en contraste con el milagro más sutil de las hojas.

Huxley, *Las puertas de la percepción.*

Pasado el momento del deslumbramiento, de la agudización de todos los sentidos, entró en la fase introspectiva, en el viaje a algunas zonas inexploradas de la conciencia, a las transacciones silenciosas que hacemos con nosotros mismos para vivir, para enfrentar el mundo todos los días.

Recordó un viaje a la ciudad de Cali. Tenía veinte años o algo así. Había ido con su novia y otra pareja a ver un partido de fútbol. Era un puente festivo. Salieron el sábado temprano de Medellín y regresaron el lunes. Poco recordaba del partido y la aventura. Pero un hecho extraño había quedado grabado en su memoria, un hecho que, en medio de su exploración, recordó con una fuerza esencial, como si fuera un acontecimiento definitorio.

El domingo, ya en Cali, antes del partido, salió a comprar el desayuno. Compró también la edición dominical de *El País.*

Quería seguramente leer las entrevistas y detalles del partido, las habladurías que acompañan el fútbol. Terminó hojeando todo el periódico. El suplemento literario incluía un largo artículo sobre Andrés Caicedo, una especie de semblanza que leyó sin mucha expectativa, como un pasatiempo más.

Sin embargo, una frase de Caicedo quedaría grabada en su memoria: "Lo odio porque lucho por conseguirlo". Cayó en cuenta de que esa frase resumía una parte de su vida: la constante brega por superar las expectativas (propias y de los demás), por ponerse unas metas y alcanzarlas en una especie de ascenso sin sentido que le iba dejando un cansancio, un desasosiego antes reprimido y que afloraba ahora con fuerza. La frase, entendió, era un espejo incómodo.

Recordó incluso un hecho más antiguo, de sus años de colegio. Tenía doce o trece años. Tenía que hacer una presentación el día del idioma en el auditorio, un resumen de las novedades literarias del momento. Lo había aprendido todo de memoria y repetido obsesivamente en voz alta el día anterior. No quería dejar nada al azar o a la improvisación. Pero en medio del acto olvidó una parte, lo que le produjo un poco de risa que fue seguida, como un eco tumultuoso, por la risa de todo el auditorio.

Esa tarde salió para la casa de un amigo, Pachacho le decían, a quien le preguntó una y otra vez: "¿Salió muy mal mi parte? ¿Me descaché completamente?". Pachacho no entendía la insistencia, era un asunto menor, un incidente para el olvido. Pero no podía olvidarlo. Cuarenta años después, lo sabía ahora, no se había acabado de perdonar. El superyó, en su caso, era un juez implacable, sin capacidad para el perdón y el olvido.

Recordó también un viaje que había hecho con su familia a San Agustín. Estaba en sexto grado. Había entendido el viaje, en su momento, como una especie de premio de sus padres por sus buenas notas en general y en la clase de historia en particular. Semanas antes el profesor de historia había hecho una pregunta en clase sobre Marco Polo. Un compañero murmuró la respuesta y él (oportunista) la repitió en voz alta. "Tiene diez para el bimestre", dijo el profesor. Sabía que no merecía la nota y esa conciencia lo atormentó todo el viaje. Por la misma época había oído decir a su madre, ahora lo recordaba, "Pobrecito nunca puede poner su mente en blanco".

Todos estos recuerdos se le vinieron encima como un alud. Años atrás le había oído decir a uno de sus profesores que "a pesar de todo yo sigo siendo un niño asustado". Ahora veía por qué esa frase se le había quedado grabada: porque también lo describía a él, porque resumía una obsesión, el hecho de que, como un niño asustado, la mayor parte de su vida se había sentido con la obligación de salir a descrestar el mundo.

Todo esto le produjo una especie de compasión propia. Pudo verse a sí mismo desde afuera, con algo de ironía y humor. Pudo detectar la carga (e incluso el ridículo) de una obsesión, de una vida de tareas permanentes, de una autoexigencia que no parecía tener explicación. No pudo contener las lágrimas. Todos, pensó, debemos mirarnos de vez en cuando en el espejo de nuestras propias obsesiones. Liberarnos, así sea por un rato, de las máscaras de la sociabilidad y las exigencias de una meritocracia deshumanizante.

Días después recordó que había aprendido casi de memoria (con esa manía de ponerse tareas) un poema del poeta Elkin Restrepo que le gustaba repetir en sus intervenciones públicas:

No es una tarea nada fácil
ésta de tomarse día a día uno y darse forma
y ordenar un sentido a todo
y parecer natural y también convincente

y alzarse levantar el vuelo
hacia otra región más alta
como si fuera poco como si fuera nada
cargar con quien aquí muy dentro
y con las mismas fuerzas las mismas palabras
argumenta contradice echa a pique
una a una verdades sueños
que uno levanta día a día luchando
aferrándose hasta sangrar
a fin de cumplir con algo en la vida
a fin de alcanzar
lo que nunca en verdad se te ha pedido.

Quedaron en su conciencia, después de todo, como una especie de admonición o advertencia vital dos frases, la de Andrés Caicedo ("Lo odio porque lucho por conseguirlo") y la de Elkin Restrepo ("A fin de alcanzar lo que nadie te ha pedido"). Probablemente no cambió mucho. Los adultos somos obstinados y el mundo actual se encarga de ponernos tareas cada minuto. Pero, por algunos días, se sintió más tranquilo. Sin embargo, su lucha en contra de la fuerza de voluntad no había terminado. Probablemente, así lo intuía, estaba perdida para siempre.

Al final de la tarde salió a dar una vuelta por los alrededores de su casa. No solo su capacidad receptiva estaba agudizada, también su mente, sentía una lucidez especial, más humana. A las pocas cuadras se topó con un joven venezolano que había conocido días atrás. El encuentro le reveló (en pocos segundos) la complejidad y ambivalencia de las relaciones humanas.

Dos semanas antes, un viernes a las nueve de la noche, se habían cruzado por primera vez a unos pocos metros de su casa. "No voy a acercarme, esté tranquiló", le había dicho el joven. La advertencia parecía una forma eficaz de generar confianza. Habían conversado unos minutos. Caminaron un rato juntos. Esa noche le regaló una cobija, varias cosas de comer y el dinero suficiente para tres o cuatro días de posada.

Al día siguiente volvieron a encontrarse. El joven repitió: "No voy a acercarme, esté tranquilo". Unos segundos después se reconocieron. El otro, con su ardid al descubierto, con la frase revelada ya como una estrategia, le agradeció nuevamente y siguió su camino.

En su vuelta alrededor de la casa, con los sentidos agudizados y la mente despierta, se encontraron por tercera vez. Ahora se reconocieron inmediatamente. El joven venezolano le contó que las cosas iban mejor, que había podido recuperar unos celulares que tenía empeñados y que tenía ya un sitio fijo donde dormir. "Me alegro y aquí tiene para que pueda irse a descansar", le dijo entregándole un billete, el equivalente a un día de rebusque.

En ese momento entendió claramente la especie increíble que somos, la complejidad de las relaciones humanas: "El joven sabe que yo sé su secreto, pero no solo eso: sabe que yo sé que él sabe. Así me lo hizo saber con su mirada". Le dijo a su esposa: "Le regalé el billete porque quería que supiera que yo sé su secreto y que no me importa, que tenemos una suerte de complicidad, que entiendo que tiene que ganarse la vida con una suerte de amabilidad y precaución impostada, que yo haría lo mismo en su lugar y que entender sin juzgar es una posición ética".

Dijo todo eso sin pensar, como una retahíla, asombrado no solo de la luz que venía de todas partes, sino también de la capacidad que tenemos de leer las miradas y entender a los otros. Cada intercambio, cada cruce entre seres humanos (incluso desconocidos) es de una complejidad ética y cognitiva alucinante (así quiso verlo). Darse cuenta de todo esto, así de repente, lo llevó a una especie de compasión expansiva, de entendimiento humanista. "Para mi papá ahora todo es positivo", dijo su hijo un día después.

Más tarde, cuando ya el efecto se había diluido, recordó un texto de Octavio Paz, una descripción que parecía definir su estado de ánimo: "No la piedad cristiana sino ese sentimiento de universal simpatía con todo lo que existe, esa fraternidad en la impermanencia con hombres, animales y plantas, que es lo mejor que nos ha dado el budismo, una suerte de beatitud instantánea que no excluye la ironía ni significa cerrar los ojos ante el mundo y sus horrores".

Así estuvo durante algunos días, unos pocos, en un estado de ilimitada compasión y plena conciencia del insondable misterio de la vida. La normalidad vino acompañada de un deseo de cambiar (que como todo fue diluyéndose), de la necesidad de despertar al milagro del mundo y ser un poco más compasivo. Atención y compasión en últimas. Tal como empezó este libro.